PARIS

ET

LES PARISIENS

EN 1835.

IMPRIMERIE DE H. FOURNIER,
RUE DE SEINE, N° 14.

PARIS

ET

LES PARISIENS

EN 1835.

PUBLIÉ PAR MADAME TROLLOPE.

TOME SECOND.

PARIS,
LIBRAIRIE DE H. FOURNIER,
RUE DE SEINE, N° 14.

1836.

PARIS

ET

LES PARISIENS EN 1835.

LETTRE XXXI.

Exposition des porcelaines et des tapisseries au Louvre.—
Le Père et le Fils.—Je voudrais que cela fût impossible.

Nous revenons d'une exposition qui se fait au Louvre, exposition magnifique, à la vérité, mais qui dédommage bien faiblement des trésors cachés de la galerie. Plusieurs vastes salles sont consacrées à exposer des tapisseries et de la porcelaine, et quoique nous eussions certainement préféré y voir autre chose, on ne saurait disconvenir que ces salles ne renferment plusieurs objets aussi admirables peut-être dans leur genre qu'aucun de ceux produits par les branches plus élevées de l'art.

La copie sur porcelaine d'un portrait de la maîtresse du Titien, et plus encore peut-être la Vierge et saint Jean regardant dormir l'enfant Jésus (le *parce somnum rumpere*) de Raphaël, sont, à mon avis, ce qu'il y a de plus remarquable, l'un et l'autre de ces tableaux étant de la même grandeur que les originaux, et exécutés avec une perfection de coloris qui est réellement inconcevable.

Que la fragile terre dont la porcelaine est fabriquée se prête ainsi au talent de l'ouvrier, ou pour mieux dire que le talent de l'ouvrier triomphe des innombrables chances qui s'opposent à ce qu'un morceau de porcelaine de cette dimension sorte du four sans se casser, c'est là une chose réellement merveilleuse.

Mais ce qui est plus merveilleux encore, c'est le talent qui a pu permettre à l'artiste de prédire qu'en peignant ainsi du gris et du vert, les teintes uniformes qui découlaient de son pinceau prendraient, grâce à l'action bien réglée de l'élément le plus difficile à gouverner, des nuances imitant parfaitement les couleurs de son grand original.

Cependant, après avoir fait cet aveu, je ne trouve plus rien à dire en faveur d'un *tour de force* que l'on n'obtient, selon moi, que par le sacrifice du bon sens : les chefs-d'œuvre d'un Titien, d'un Raphaël, sont des tableaux dont nous pouvons légitimement désirer de posséder une imitation; mais pourquoi la faire de la manière la plus difficile, la plus laborieuse, qui manquera le plus probablement dans l'exécution et qui, une fois faite, sera la plus sujette à destruction? Sans oublier qu'après tout il y a dans la copie la plus parfaite sur porcelaine quelque chose qu'il m'est impossible de définir, mais qui ne satisfait pas l'esprit.

Quant à ce qui me regarde personnellement, je pourrais aller plus loin, et dire que l'effet ainsi produit m'est positivement désagréable. Il ressemble à celui qui est produit par l'examen d'un travail à l'aiguille fait sans doigts ou d'une admirable découpure en papier exécutée avec les pieds au lieu des mains. L'admiration que l'on impose dans ce cas s'adresse moins à la chose elle-même qu'aux moyens très défectueux qui ont été employés pour la produire. A la vérité, s'il n'y en avait pas d'autre, l'inventeur mériterait une statue; mais puisqu'il n'en est pas ainsi, j'avoue que j'aime mieux voir une bonne copie sur toile que sur porcelaine.

L'effet produit par cette belle et ingénieuse branche de l'art est bien différent quand elle s'applique à l'embellissement de tasses, d'assiettes, de vases et de plateaux à thé. Je n'ai jamais rien vu de plus gracieux et de mieux approprié, par l'élégance des formes, à l'usage comme à l'ornement, que les divers objets de ce genre exposés cette année au Louvre. Il est impossible de leur accorder toute l'admiration et tous les éloges qu'ils méritent, ni de se dissimuler que, malgré les grands perfectionnemens que cette branche de nos manufactures a faits depuis trente ans en Angleterre, nous n'avons encore rien qui puisse se comparer aux beaux modèles de porcelaine de Sèvres.

Ces salles, comme tous les lieux à Paris où des

êtres humains savent qu'ils se rencontreront, étaient remplies de curieux, et je n'ai jamais entendu d'aussi vives expressions d'admiration que celles qu'ont excitées quelques-uns des objets exposés. Il faut convenir aussi qu'ils sont d'une bien grande beauté : la forme, la matière, le travail, tout est parfait.

Il faut, je pense, qu'à la manufacture de Sèvres on ait attaché certaines personnes qui ont fait leur étude spéciale de la théorie des couleurs. Il vaut certainement la peine de faire le tour de la table, ou plutôt de la plateforme, qui s'élève au milieu de la salle, et d'examiner, dans chaque service, l'effet produit par le seul arrangement des couleurs.

Ce qu'il y avait de plus beau, après les merveilleuses copies de tableaux dont j'ai déjà parlé, étaient de petits déjeuners, pour deux personnes je pense, renfermés dans de grandes boîtes doublées en satin ou en velours blanc. Ces boîtes sont toutes ouvertes pour qu'on puisse les examiner, mais protégées contre une approche indiscrète par une forte barre de cuivre. Le couvercle est fait de manière à contenir précisément le plateau ; tandis que les objets qui doivent être placés dessus sont arrangés, chacun dans sa petite case, avec tant de soin et tant d'attention à l'effet général, que tout paraît à la vue de la façon la plus avantageuse.

Quelques-uns de ces services sont ornés de fleurs, d'autres de paysages, et d'autres enfin de figures ou de portraits en miniature de personnages remarquables, soit par leur beauté, soit par leur illustration. Ces belles peintures, tout admirables qu'elles étaient, pour le dessin et l'exécution, m'ont cependant moins frappée que le goût parfait avec lequel la couleur dominante de chaque service, soit comme fond ou comme bordure, est combinée pour harmoniser avec les ornemens qui s'y trouvent placés.

Indépendamment du plaisir que peut causer un examen plus approfondi, on éprouve une véritable satisfaction à jeter un coup d'œil sur l'effet général, à cause du goût et du talent consommé qui ont été déployés sous ce rapport.

Ces curieuses affinités et antipathies dans les couleurs, sur lesquelles j'ai vu faire bien de singulières expériences, ont, sans aucun doute, été étudiées pour servir de base au travail du maître coloriste de chaque branche de la fabrique, et le résultat en est pour moi un plaisir aussi distinct de l'examen du dessin ou de toute autre circonstance qui se rapporte à l'art, que celui que produit l'odeur de la rose ou de la fleur d'orange.

L'œil semble flatté et satisfait sans que l'on se rende compte de la cause, et se repose sur ces nuances riches, douces ou brillantes, avec une satisfaction qui approche même du bonheur.

Toute personne qui s'occuperait de la délicieuse tâche de meubler un somptueux salon, devrait faire le tour d'une salle remplie de porcelaine de Sèvres. L'importante question des couleurs qu'il faut marier ensemble y serait résolue avec l'agréable certitude de ne pas commettre le moindre solécisme contre le bon goût.

Les modèles de tapisseries des Gobelins et de Beauvais, pour fauteuils, écrans, coussins, et une foule d'autres objets, sont très nombreux cette année. Ils sont fort beaux de dessin et d'exécution, et aujourd'hui que la noble magnificence du siècle de Louis XV est redevenue à la mode, pour se conformer, dit-on, au goût du duc d'Orléans, cette coûteuse manufacture va sans doute de nouveau fleurir.

Un salon vaste et élevé ne saurait jamais présenter un air de véritable magnificence à moins d'être ainsi décoré; et la manière dont le style travaillé des anciens ornemens est maintenant adapté à l'usage moderne, est aussi ingénieuse qu'élégante.

Quelques économistes politiques parlent de l'avantage qui résulte pour les nations de la diminution du travail occasioné par les machines; tandis que d'autres, au contraire, sont les partisans de toute espèce de mode qui exige le travail des mains. Je n'essaierai point de décider de quel côté se rencontre la sagesse; mais dans la condition imparfaite où les femmes se trouvent aujourd'hui, il me semble que tout ce qui leur procure une occupation innocente et profitable devrait être favorisé.

Il n'y a certainement point d'aiguilles au

monde aussi adroites que celles de la France, et quand on les fait travailler d'après des dessins qui rivalisent en élégance ceux des loges du Vatican, il en résulte une perfection de broderie contre laquelle toute tentative de concurrence doit échouer.

En continuant à marcher le long de la barrière qui renfermait les objets exposés, marche nécessairement très lente à cause de la foule, je me trouvai derrière un homme de haute taille, d'une tournure tout-à-fait aristocratique; il était accompagné de son fils; je dis son fils, car il lui eût été impossible de le renier; jamais je ne vis de ressemblance aussi frappante. Leur conversation que j'entendais, sans être coupable d'indiscrétion, car il m'eût été impossible de l'éviter, m'amusa beaucoup. Il est rare que je me trouve ainsi en contact avec des personnes qui me sont tout-à-fait étrangères sans essayer de deviner quelle peut être leur profession et leur position dans le monde. Mais dans cette occasion toute ma sagacité fut en défaut. Il me semblait que je lisais un roman dont le dénouement était si bien caché qu'on ne pouvait le prévoir. Le père et le fils n'étaient pas du même avis. Leurs observations étaient faites dans l'esprit de deux partis différens. Le père me parut être royaliste; quant au fils, je suis sûre qu'il était un jeune doctrinaire. La foule s'arrêta long-temps devant une magnifique exposition de pièces de broderie destinées à des siéges et dos de fauteuils.

« C'est pour le duc d'Orléans, » dit le père.

— « Oui, oui, répondit le fils, c'est bien digne de lui...; c'est fait pour un prince. »

— « Dites pour un roi! » reprit le père en soupirant.

Le jeune homme garda un moment le silence; puis il dit *avec intention*, pour me servir d'une expression d'usage parmi les dramaturges :

« *Mais lui aussi, il est fils de saint Louis, n'est-ce pas?* »

Le père ne répliqua pas, et la foule continua d'avancer.

Tout ce que je pus découvrir de ce court entretien, c'est que la personne qui soufflait l'enfant, soit homme ou femme, était un fidèle disciple du *parce que*; et il est certain que, bien que cette doctrine renferme peut-être quelques restes de fidélité équivoque pour la branche aînée, elle n'en est pas moins le meilleur motif que l'on puisse alléguer pour s'attacher à la dynastie régnante.

Dans la dernière salle de cette enfilade de galeries, on a exposé de magnifiques tapisseries, d'après les tableaux de la vie de Marie de Médicis, par Rubens.

Il est incontestable que ces énormes combinaisons de points ont dû présenter une masse de travail d'une difficulté extrême; mais malgré mon admiration pour les aiguilles et les navettes françaises, je suis tentée d'ajouter avec notre inexorable moraliste : « Plût au ciel que cela eût été impossible! »

LETTRE XXXII.

Maison de santé de Vanves.— L'Anglais. — La Folie religieuse.—Excellente disposition de l'établissement.

L'établissement de MM. Voisin et Fabret, pour la réception et le traitement des aliénés, m'ayant été indiqué comme un exemple des perfectionnemens tentés avec succès en France, et qui pourraient être utilement importés en Angleterre, je résolus de le visiter, et j'y fus conduite par une dame qui, non-seulement connaissait fort bien les deux personnes qui le dirigent, mais qui avait eu en outre l'occasion de s'instruire à fond de tous les arrangemens intérieurs de la maison, où elle avait eu le malheur d'être obligée de placer un ami que, pendant plusieurs mois, elle allait régulièrement visiter.

Cette circonstance me procura l'accueil le

plus empressé et l'explication la plus détaillée du système suivi, système qui me paraît réunir, sur une vaste et noble échelle, tout ce qui peut contribuer à soulager la souffrance des patiens et à leur rendre la santé.

Cet établissement est situé à Vanves, village à une lieue de Paris, dans un site magnifique, d'où l'on jouit d'une foule de superbes points de vue qui en font un séjour délicieux. Les jardins sont vastes et bien distribués; on y trouve alternativement, et dans toutes les directions, de l'ombrage, des fleurs, des bancs et de rians sentiers. Le parc, qui est clos de murs, contient plus de cinquante arpens, et toutes ses parties sont à la disposition de ceux d'entre les malades dont l'état leur permet d'en jouir et qui peuvent le parcourir en toute sûreté. Dans ce parc on trouve deux loges distinctes qui, dans certaines occasions particulières, offrent la plus profonde retraite, quand un silence absolu est nécessaire. Le principal but, en effet, que l'on paraît s'être proposé dans toutes les dispositions, est de pouvoir tenir les patiens assez séparés les uns des autres pour qu'ils ne puissent ni se voir ni s'entendre, jusqu'à ce qu'ils soient assez avancés vers leur guérison pour qu'ils trouvent à la fois du plaisir et de l'avantage à la société de ceux qui sont dans le même état de convalescence qu'eux.

Quand ils parviennent à cette période favorable de leur maladie, ils se réunissent à la famille des directeurs, dans de forts beaux salons, où des livres, des instrumens de musique et un billard contribuent à leur faire passer agréablement le temps. Chaque patient a une chambre à coucher séparée, où les précautions nécessaires à leur sûreté ne sont jamais visibles. Ce qui partout ailleurs offrirait l'apparence de barreaux de fer, se cache ici sous la forme d'élégantes jalousies; pas un verrou, pas une fermeture n'est reconnaissable, ni aucun objet qui serait de nature à choquer l'esprit dans les momens où un rayon d'intelligence revient passagèrement le visiter.

Ainsi que je viens de le dire, le premier but paraît être de cacher aux malades leur propre état et celui de leurs infortunés compagnons. Après cela vient le système d'après lequel on persuade aux patiens du sexe masculin d'exercer leur corps et de divertir leur esprit en travaillant dans le jardin à un ouvrage quelconque, sans égard à sa bizarrerie ou son inutilité, pourvu qu'il contribue à tenir le corps salutairement employé. Tout ce qui peut les tranquilliser et les réjouir semble avoir été mis en usage. La partie du terrain la plus rapprochée de la maison est divisée en plusieurs petits jardins bien enclos qui communiquent les uns avec les appartemens des femmes, les autres avec ceux des hommes. Dans plusieurs de ces jardins, j'observai de jolies petites tables semblables à celles que l'on trouve chez les restaurateurs de Paris, et à chacune de ces tables était assise une personne qui dînait seule de la manière la plus *confortable*.

M. Voisin fit le tour de tout l'établissement avec nous, et je remarquai que la meilleure intelligence paraissait régner entre ses patiens et lui. Les amis des malades peuvent en tout temps venir les voir sans aucune contrainte, réglement qui ne peut manquer d'augmenter la confiance et d'être également avantageux aux uns comme aux autres; car il n'est pas probable que les personnes qui se trouvent dans la malheureuse nécessité de placer un de leurs parens ou amis dans une maison de ce genre, veuillent entraver la discipline à laquelle ils sont soumis pour leur propre bien.

Dans une des cours consacrées à l'usage des hommes dont la guérison est assez avancée pour leur permettre de se réunir les uns avec les autres, et de se livrer aux différens jeux disposés pour leur distraction, je vis un Anglais qui avait barbouillé les murs de sa chambre d'une quantité de phrases détachées écrites au crayon, la plupart sur des sujets religieux. Chacune des pensées semblait dictée par la souffrance la plus aiguë, et souvent les caractères en étaient tracés d'une main incertaine et guidée en apparence par un effroi extrême : « Quel est celui qui peut supporter le fer et la flamme, pour toujours, et toujours, et toujours! » — « La mort est devant nous..., l'enfer la suit..., l'abîme sans fond..., des gémissemens..., des tortures..., des angoisses... pour toujours! » De semblables phrases étaient encore lisibles en plusieurs endroits, quoiqu'il y en eût beaucoup d'effacés.

Qui peut s'étonner qu'une ame aussi préoccupée perde cet équilibre parfait dans lequel la nature a placé ses facultés, de manière que chacune d'elles sert de gardienne et de surveillante aux autres? Ce malheureux avait perdu la raison dans le moment où il se convertissait. Son jugement était complètement renversé, l'imagination s'était mise à sa place, noire comme la nuit, sombre... oh! bien plus sombre que le tombeau, revêtue de la plus épaisse fumée de l'enfer et armée de tous les moyens d'infliger des souffrances, que le génie des hommes a pu inventer. Qui pourrait s'étonner de sa démence? Parmi les crimes jugés par les cours d'assises, y en a-t-il beaucoup qui égalent en atrocité celui d'égarer un esprit qui cherche à élever vers le ciel son humble espérance?

Je me sentis particulièrement intéressée en faveur de ce pauvre aliéné, tant parce qu'il était mon compatriote qu'en sa qualité de victime de la plus effroyable tyrannie qu'un homme puisse exercer sur un autre homme. Il n'est pas difficile de croire qu'un esprit ferme puisse s'armer contre toute autre attaque, et qu'il dise avec Hamlet : « Je n'estime pas plus ma vie qu'une épingle! » Mais dans ce cas ce serait une vaine fanfaronnade d'ajouter :

> Et pour mon ame, que peut-il lui faire,
> Puisqu'elle est immortelle comme lui?

Car, hélas ! c'est cette immortalité même qui, inspirant l'espérance, la consolation et la force, dans toute autre espèce de persécution, dans celle-ci, au contraire, paralyse l'être souffrant et donne un pouvoir si terrible au misérable blasphémateur qui lui apprend à se détourner avec effroi de son Dieu.

M. Voisin me dit que cet infortuné jeune homme devenait de jour en jour plus calme et plus tranquille et qu'il ne doutait pas de sa parfaite guérison.

Si j'en excepte mon pauvre compatriote, la seule personne que je vis de qui la situation fût pénible à contempler, était une jeune fille qui n'était arrivée que de la veille. Il y avait dans ses yeux une manière agitée, inquiète de fixer tour à tour ses regards sur tous les objets qui l'entouraient sans qu'aucun d'eux parût lui présenter une idée distincte, et une vague incertitude sur le lieu où elle était, incertitude qui n'était pas assez forte pour lui causer de la surprise, mais qui la privait cependant de cette sensation de repos que l'on n'éprouve que chez soi. Pauvre fille! Qui sait si quelque pensée indéterminée, impossible à fixer, ne lui présentait pas parfois l'image de sa mère! Car je crus remarquer que pendant que je regardais son visage, si pâle, ses traits offrirent plus d'une fois un rayon passager de mélancolie raisonnable. Elle toussait souvent; mais sa toux paraissait affectée, ou, pour mieux dire, elle semblait être un effort causé moins par l'irritation des poumons que par un besoin de changement, qu'elle ne savait où prendre, comment chercher. Elle paraissait désirer surtout de se débarrasser des soins d'une femme qui la servait, et toute sa conduite indiquait une agitation douloureuse qu'il était extrêmement pénible de contempler. Je fus encore cette fois consolée par l'assurance qui me fut donnée que son état ne présentait aucun symptôme qui dût faire désespérer de sa guérison.

Je me rappelle que quand j'allai voir la maison des aliénés, près de New-York, on me dit que les causes les plus fréquentes de la démence étaient la religion et l'ivrognerie. A Paris ces causes sont l'amour, le jeu et la politique, et certes ces renseignemens s'accordent parfaitement avec ce que l'expérience nous apprend. Le médecin de New-York me dit que la folie qui résultait de l'ivresse était, dans le plus grand nombre de cas, susceptible d'une guérison parfaite, mais que celle qui provenait de causes religieuses était bien plus opiniâtre.

On m'a dit absolument la même chose à Paris; car ici il arrive aussi parfois, quoique beaucoup moins souvent, que la raison est troublée par un état d'ivresse répété et prolongé. Quand l'amour ou la politique se sont emparés de l'ame, au point de troubler la raison, la guérison est moins certaine et plus lente.

M. Voisin me dit encore qu'il a constamment remarqué que les premiers symptômes de la folie sont une sorte d'incertitude, d'indifférence, d'altération dans l'affection que l'on porte à ses parens et à ses amis. L'apathie, la froideur, et dans quelques cas la répugnance ou même une violente antipathie, se manifestent envers les personnes à qui le malade était auparavant le plus tendrement attaché. Quelquefois, mais pas très souvent, il lui prend des accès capricieux d'affection pour des étrangers, mais sans aucune apparence de motif et toujours pour peu de temps. Le symptôme le plus assuré d'un retour vers la santé est le réveil du cœur et le retour de ses sentimens naturels et de ses anciens attachemens.

Il y avait dans la maison une vieille dame que je considérai pendant qu'elle mangeait son dîner de légumes et de fruits devant une petite table servie dans un des jardins. Elle avait décoré son chapeau d'une quantité innombrable de brillans brimborions et elle l'avait placé sur sa tête de l'air le plus étudié et le plus coquet imaginable. Elle mangeait avec toutes les grâces minaudières d'une jeune beauté, qui prend avec une fourchette d'or, sur une assiette en cristal, du raisin à une guinée la livre. Je suis sûre que dans sa pensée elle jouissait de tout le bonheur que donne la beauté, la fortune et l'admiration des hommes. Puis, quand je contemplais les rides qui défiguraient ce visage, jadis si beau, je ne pouvais me persuader que la démence fût pour elle un malheur; car, bien que l'on ne pût m'apprendre ce qui l'avait causée, je ne doutais pas qu'il ne fallût l'attribuer à un sentiment de vanité profondément blessée, et si cette conjecture est conforme à la vérité, quelle consolation le monde pouvait-il lui offrir égale aux illusions qui aujourd'hui répandent un air de douce satisfaction sur sa physionomie? Ne devons-nous donc pas par pitié prier le ciel de faire durer son erreur?

Il était facile de deviner ce qui se passait dans cette pauvre vieille tête, tout absurdes qu'étaient ses idées; mais il y en avait une autre que j'étudiai pendant fort long-temps sans qu'il me fût possible de rien découvrir, et pourtant je désirerais bien savoir quelles vagues pensées remplissaient cette jeune cervelle. Une fort jolie personne, dont les cheveux et les yeux étaient noirs comme du jais, était assise absolument seule, dans un des jardins, sur un banc agréablement ombragé. Sa physionnomie ressemblait à un beau paysage dont le ciel est tantôt éclairé par un brillant soleil et tantôt couvert de nuages. Elle souriait et l'instant d'après elle paraissait prête à pleurer; mais avant qu'une larme pût tomber de ses yeux, ses belles dents se montraient de nouveau dans un sourire sans expression. De quelle nature étaient les images qui flottaient ainsi dans sa pensée? Etait-ce l'effet de la mémoire, ou bien les émotions changeantes, occasionées par la course rapide d'une imagination qui cesse d'être guidée par la main ferme de la raison? Ou bien encore n'était-ce rien de tout cela, mais seulement des mouvemens involontaires des muscles, imitant ceux qu'ils avaient coutume de faire quand ils étaient gouvernés par la raison?

J'ai souvent trouvé fort étrange que l'on éprouvât tant de plaisir à contempler sur le théâtre la représentation de la condition la plus douloureuse et la plus humiliante dans laquelle l'homme puisse être placé; ce qui m'a étonnée bien davantage encore, c'est que tant de milliers de personnes se rassemblent toutes les fois que la loi a ordonné qu'une ame malheureuse sera, par la main de l'homme, séparée du corps dans lequel elle a péché. Mais je ne sais si l'intérêt extrême que je prends à mon tour à contempler la nature humaine privée de la raison, n'est pas plus étrange encore. Je ne puis en aucune façon l'expliquer; mais la chose est ainsi. Il m'est impossible de m'éloigner sans regret du spectacle de la démence, et pourtant je ne cesse d'éprouver la sensation la plus pénible pendant que j'y assiste; et je sais qu'elle sera suivie d'autres sensations bien plus pénibles encore quand je n'y assisterai plus.

Je dois dire toutefois que l'établissement de Vanves offre de toutes parts une si grande apparence de *comfort*, de tendresse et de soins, que l'aspect de la démence y est beaucoup moins pénible que partout ailleurs; et quand je vis l'air de santé physique avec lequel un grand nombre de patiens s'apprêtaient à se livrer à leur récréation, pendant les heures consacrées aux exercices, chacun selon son goût ou son caprice, dans un vaste local et avec des accessoires bien choisis, je ne pus m'empêcher de former le souhait que tous les asiles destinés à servir de demeure à cette portion infortunée du genre humain, fussent arrangés sur le même plan et dirigés d'après les mêmes principes.

LETTRE XXXIII.

Émeute à la porte Saint-Martin. — Empêchée par une averse. — La Populace dans le beau temps. — Manière de calmer les émeutes. — L'armée d'Italie. — Le Théâtre-Français. — Mademoiselle Mars dans le rôle d'Henriette. — La Comédie disparaît.

———

Quoique Paris soit réellement en ce moment aussi tranquille qu'aucune grande ville puisse l'être, on ne laisse pas de nous raconter chaque matin « *qu'il y a eu une émeute hier au soir à la porte Saint-Martin.* » Mais je vous assure que ce sont là de petits passe-temps fort innocens; et quoiqu'il arrive rarement que l'heure mystérieuse qui doit amener une révolution se passe sans quelque arrestation, les prévenus sont presque toujours remis en liberté le lendemain matin, le premier interrogatoire ayant suffi pour démontrer que les jeunes agresseurs, qui ont pour l'ordinaire tout au plus vingt ans, sont aussi incapables de faire du mal que les grenouilles qui coassent sur les bords de la Wabash. Quoi qu'il en soit, les récits journaliers que l'on nous faisait de ces réunions engagèrent deux hommes de notre société à se rendre l'autre soir à cette porte Saint-Martin dont on nous parlait tant, dans l'espoir d'être témoins d'une de ces jolies petites émeutes; mais en arrivant sur la place où elle devait avoir lieu, ils la trouvèrent entièrement tranquille. L'ordre le plus parfait régnait de toutes parts : seulement quelques militaires se promenaient dans les environs. Ayant demandé à l'un d'eux la cause d'une tranquillité à laquelle on avait été si loin de s'attendre, dans ce fameux quartier de la ville.

« Mais ne voyez-vous pas qu'il tombe de l'eau, messieurs? répondit le garde municipal : c'est bien assez pour refroidir le feu de nos républicains. S'il fait beau demain au soir, messieurs, nous aurons encore un petit spectacle. »

Résolus de savoir s'il y avait réellement quelque vérité dans ces histoires, et soupçonnant que tout ce que l'on nous avait dit, y compris la réponse du garde municipal, n'était qu'une mystification, nos messieurs, voyant que le temps était redevenu fort beau, se déterminèrent hier au soir à tenter encore un fois l'aventure, et cette fois le succès répondit à leur attente. Il y eut en effet la plus gentille petite émeute qu'il fût possible de voir. Le rassemblement se composait d'environ quatre cents personnes. Il y avait de l'infanterie et de la cavalerie; les chapeaux pointus étaient en abondance, et des drapeaux flottaient sans vent sur les épaules de gamins déguenillés à qui l'on avait donné deux sous pour les porter.

Dans cette mémorable soirée, dont les journaux républicains font force bruit aujourd'hui, on a arrêté plusieurs des plus grands vociférateurs; mais il paraît qu'en général les soldats ont agi avec beaucoup de douceur, et nos amis ont entendu plus d'un éclat d'éloquence populaire qui aurait pu avec raison être traité de discours séditieux, mais auquel la troupe n'a répondu qu'en riant, et en criant: *Vive le roi!*

Il y avait cependant un jeune héros, costumé

des pieds jusqu'à la tête en vrai Robespierre, que l'on eut assez de peine à arrêter; et pendant que deux gardes municipaux l'empoignaient, un petit homme âgé d'environ dix ans, qui portait un drapeau aussi grand que lui-même, et qui servait sans doute d'écuyer au chevalier errant que l'on venait de prendre, se tenait devant lui sur la pointe des pieds et criait : *Vive la république!* de toute la force de ses petits poumons.

Un autre malheureux, de la plus basse classe, ne cessa, tant que dura le tumulte, de haranguer un groupe qu'il avait réuni autour de lui; il avait les bras nus jusqu'aux épaules, et ses gestes étaient d'une grande violence.

« *Nous avons des droits!* s'écriait-il avec beaucoup de véhémence, *nous avons des droits!..... Qui est-ce qui veut les nier?... Nous ne demandons que la Charte... Qu'ils nous donnent la Charte!* »

Le tumulte dura pendant à peu près trois heures, au bout desquelles chacun se retira fort tranquillement; et il faut espérer qu'ils s'occuperont tous paisiblement de leurs divers métiers, jusqu'à ce que le beau temps les ramène sur le boulevart, pour jouer, à ce *petit spectacle*, le double rôle d'acteurs et de spectateurs.

La répétition constante de ces ridicules émeutes ne paraît plus causer à personne la moindre inquiétude, et si ce n'était le peu d'effet que produisent les amendes et les emprisonnemens infligés souvent avec une grande rigueur, et qui malgré cela ne parviennent point à arrêter l'expression de la *désaffection* de la populace et des journaux qui la soutiennent, on serait tenté de regarder l'indifférence du gouvernement comme une preuve de confiance dans sa force et d'absence de toute crainte sur ce que pourrait tenter cette embarrassante faction.

Je crois en effet que c'est là le sentiment du gouvernement du roi Louis-Philippe. Toutefois, le bonheur du peuple de Paris serait considérablement augmenté si l'on pouvait imaginer quelque moyen de mettre fin, une fois pour toutes, à ces honteuses scènes.

Liberté et ordre public : c'est là la devise du roi Louis-Philippe. Elle serait parfaite s'il y ajoutait: *Paix et Tranquillité*; car il ne règnera jamais par aucun autre pouvoir que celui que donne l'espoir de la paix et de la tranquillité. La nation harassée en exige de lui le bienfait, et s'il la désappointe, le résultat en sera funeste.

Louis-Philippe n'est ni un Napoléon ni un Charles X. Il ne possède ni les droits inaliénables de celui-ci, ni la gloire prédominante du premier; cependant, s'il a le bonheur de découvrir le moyen d'assurer à ce pays si beau, mais si fatigué de ses luttes intestines, la paisible prospérité dont il paraît commencer à jouir, il sera regardé par le peuple français comme plus grand que l'un ou l'autre.

Hardie, intrépide, prudente et forte doit être la main qui veut aujourd'hui tenir le sceptre de la France, et je crois que l'on peut raisonnablement douter qu'il soit possible de le tenir ainsi, à moins de commencer par éloigner et mettre hors d'état de nuire quelques-uns de ces esprits insoucians qui ne craignent pas de sacrifier leur vie sur l'échafaud, dans le ruisseau, ou à côté d'un fourneau de charbon, plutôt que de vivre paisiblement dans l'état où il a plu à Dieu de les placer.

Si le roi Louis-Philippe voulait entreprendre une croisade pour rendre l'indépendance à l'Italie, il ferait facilement de chaque traître un héros. Qu'il adrese à l'armée recrutée pour cette expédition ces mêmes paroles électrisantes dont se servit jadis Napoléon : « Soldats!... partons pour rétablir le Capitole!... Réveillons le peuple romain engourdi par plusieurs siècles d'esclavage... Tel sera le fruit de vos victoires... Vous rentrerez alors dans vos foyers, et vos concitoyens diront en vous montrant : Il était de l'armée d'Italie! » Qu'il institue après cela un nouvel ordre qu'il appellera l'*Ordre impérial de la Redingote grise*, ou l'*Ordre indomptable des Bras croisés;* qu'il permette à tous ceux qui y seront admis de faire broder un aigle sur leur habit quand ils se seront conduits en vrais Français sur le champ de bataille, et je vous promets qu'après cela la porte Saint-Martin sera aussi tranquille que le cabinet de toilette de l'autocrate à Saint-Pétersbourg.

Si l'on avait recours à quelque expédient de

ce genre, on n'aurait plus besoin de cette inconvenante soupape de sûreté, par laquelle on laisse à présent échapper ce qu'il y a de nuisible dans la vapeur créée par la portion inquiète de la société. Il peut y avoir de la grandeur et de la magnanimité de la part d'un roi et de ses ministres à rire des caricatures et des plaisanteries séditieuses de toute espèce ; mais je doute fort que cela soit prudent. Le respect des hommes est indispensable au maintien de l'autorité, et ce respect se montre d'une manière plus profitable par un degré convenable de déférence extérieure, que par les élans les plus sublimes d'admiration individuelle qui jamais aient enflammé le cœur d'un courtisan. Cet *avis au lecteur* pourrait être utilement écouté dans plus d'un pays.

Depuis que je vous ai pour la dernière fois parlé des théâtres, nous avons été voir mademoiselle Mars jouer le rôle d'Henriette dans la délicieuse comédie des *Femmes savantes* de Molière. Lorsque je l'avais vue dans le *Tartufe* et dans *Charlotte Brown*, j'étais placée aux premières loges et à quelque distance du théâtre, de sorte que je m'imaginais que cette distance même avait pu contribuer à l'effet produit par la grâce de la tournure, des gestes et de la toilettte de cette femme extraordinaire.

Afin de distinguer d'après cela ce qui était l'illusion de ce qu'il pouvait y avoir de réel dans la beauté que je voyais ou croyais voir, je résolus de faire une dangereuse expérience, c'est-à-dire de me placer au balcon des acteurs. C'est donc de là que je lui ai vu jouer Henriette, rôle qui n'emprunte absolument rien à l'art ou à l'effet théâtral, et dont tout le charme réside dans la peinture d'une jeunesse naïve et dépourvue d'affectation. Là il n'y a point de saillies, point de traits inattendus, soit de sensibilité, soit de gaieté; rien que jeunesse, douceur, modestie et tendresse; rien qu'une jeune fille de seize ans, plus modeste peut-être et plus timide encore que ses compagnes. Et pourtant ce rôle, qui semble exiger nécessairement de la jeunesse et de la beauté dans l'actrice qui en est chargée, et rien que cela; ce rôle, dis-je, a été joué par cette miraculeuse vieille dame de façon à m'enchanter; et non-seulement moi, qui suis rococo, mais encore tous les jeunes gens du parterre, à qui elle arracha des applaudissemens si bruyans que toute autre qu'elle en aurait été étourdie. Cela n'est-il pas merveilleux?

Combien ne faut il pas regretter que l'art d'écrire la comédie se soit perdu! On fait ici des vaudevilles, charmantes pièces dans leur genre, et nous avons chez nous ce que nous appelons des *farces*, dont le seul souvenir excite la gaieté; mais pour des comédies qui s'adressent à l'esprit aussi bien qu'aux muscles du visage, il n'en existe plus. Le *Bossu* est chez nous la pièce qui approche le plus de ce type, comme *Bertrand et Raton* l'est ici; mais même dans ces deux cas, l'émotion de plaisir que l'on éprouve provient plutôt de l'intrigue que des personnages, plutôt de l'action théâtrale que de l'esprit et de l'élégance du dialogue; à l'exception peut-être de la jolie scène du caprice de Julie, dans le second acte du *Bossu*. Encore je ne puis m'empêcher de croire que l'effet de cette scène était dû dans l'origine plutôt à la grâce badine de la charmante actrice par qui ce rôle a été créé, qu'au mérite intrinsèque de la composition.

On compose de temps en temps des tragédies, témoin *Fazio* et *Rienzi ;* mais pour la comédie, vraie, facile, gracieuse, coulante, parlante, elle est morte. Je crois qu'elle a suivi Sheridan au tombeau et qu'elle a été ensevelie avec lui; mais on ne sent jamais autant cette perte, on n'est jamais aussi disposé à la déplorer qu'en sortant de voir une des meilleures comédies de Molière : car il faudrait ranger ses pièces en classes comme des pierres précieuses. Quels flots d'un bonheur inconnu inonderaient tout à coup l'Angleterre et la France si l'on voyait paraître une comédie nouvelle du mérite de *l'École de la Médisance* ou des *Femmes savantes!* Figurez-vous le charme inappréciable que l'on éprouverait à écouter ce dialogue, à la fois si spirituel et si vrai, si brillant et si neuf, qui semble couler d'une source pure et vive! Ce n'est point une de ces pièces de monnaie portant déjà l'empreinte des applaudissemens et qu'il n'est pas permis de refuser, mais un lingot d'or natif auquel la pierre de touche de votre propre intelligence doit être appliquée pour en bien connaître la valeur.

C'est une chose étrange que la masse immense de matière que les scènes fugitives de l'époque dans laquelle vous vivez fournissent pour la comédie, n'ait été mise en œuvre par personne. Molière n'a pas laissé échapper un seul des ridicules de son temps. S'il avait vécu de nos jours, quels admirables tableaux ne lui auraient pas fournis les whigs, les radicaux, les rois mendians de l'Angleterre, les poètes tragiques, les républicains et les parvenus de sa patrie !

Rousseau a dit que, quand un théâtre produit des pièces qui représentent les véritables mœurs du peuple, elles doivent être d'un grand secours à ceux qui y assistent, pour qu'ils voient ou corrigent ce que ces mœurs ont de vicieux ou d'absurde, *comme on ôte devant un miroir les taches de son visage*. L'idée est excellente, et certes il n'y eut jamais de temps où il ait été aussi aisé et aussi avantageux de mettre cette leçon en pratique. Si le ciel daignait seulement envoyer à l'Angleterre un Sheridan, et à la France un Molière, nous pourrions espérer de voir quelques-unes de nos plus grandes infortunes tournées en plaisanteries, et de guérir à force de rire, comme ce malade qui se mourait d'une esquinancie.

LETTRE XXXIV.

La Soirée dansante. — Usages différens en France et en Angleterre, sur le rôle que jouent dans la société les jeunes personnes et les femmes mariées. — Conversation à ce sujet.

Nous avons été hier au soir à un bal, ou, pour mieux dire, à une *soirée dansante*, car dans cette saison on a beau danser la nuit tout entière, il n'y a point de bals. Du reste, quel que soit le nom qu'il faille donner à la réunion d'hier, il eût été impossible de la rendre plus gaie et plus agréable, eussions-nous été au mois de janvier au lieu du mois de mai.

Il s'y trouvait plusieurs Anglais qui, au grand amusement d'une partie de la société, ne manquèrent pas de choisir leurs danseuses parmi les jeunes personnes.

Aux yeux de quiconque n'est pas au fait des

usages de la société française, rien ne saurait être plus remarquable que la différence entre la position que les jeunes personnes occupent dans les salons en Angleterre et en France. Chez nous, les objets les plus agréables à regarder et les danseuses que l'on choisit de préférence, sont les jeunes filles. Brillantes dans la perfection et dans l'éclat de leur jeunesse, gracieuses et enjouées comme des biches dans tous les mouvemens de la danse, éclipsant la légère élégance de leur propre toilette par l'amabilité qui ne laisse point d'yeux pour en étudier les ornemens, ce sont elles qui, en dépit des diamans et des blondes, en dépit de la beauté des femmes mariées et des grâces cultivées, se montrent toujours les personnages les plus importans dans un bal. Il peut parfois malheureusement arriver, parmi nous, qu'une matrone coquette se montre, valsant avec plus de vivacité que de sagesse; mais quand elle le fait, elle court toujours le risque d'être *mal notée* d'une façon ou d'une autre, et plus ou moins gravement, par chaque personne présente. Je ne l'engagerais pas même à se flatter que le cavalier qui a pris sa main ne préférât pas parcourir les sinuosités du cercle de la danse avec une de ces légères sylphides qu'il voit voler devant lui, plutôt qu'avec la femme mariée la plus à la mode de Londres. Mais à Paris tout cela est complètement renversé, et ce qu'il y a de plus étrange, c'est que vous trouverez que, dans chaque pays, la raison que l'on donne pour cette différence provient de l'attention générale que l'on accorde aux bonnes mœurs.

En entrant dans une salle de bal en France, au lieu de voir la partie la plus jeune et la plus aimable de la compagnie occupant les places les plus évidentes, entourée des hommes les plus à la mode et vêtue avec l'élégance la plus étudiée et la plus décente, il faut chercher ces jeunes créatures dans des coins écartés, habillées avec la plus grande simplicité, et presque entièrement éclipsées par les charmes épanouis de leurs amies mariées.

C'est réellement merveilleux, quand on considère qu'une jeune fille de dix-huit ans est toujours nécessairement beaucoup plus jolie qu'elle ne le sera douze ans après, de voir comme la mode n'en exerce pas moins son empire arbitraire, et fait préférer ce qui est moins beau à ce qui l'est davantage.

Tout ce charme extraordinaire, cette fascination qui est l'attribut incontestable d'une Française élégante, ne lui appartient réellement et complètement qu'après qu'elle est mariée. Une jeune personne française, *parfaitement bien élevée* a l'air *parfaitement bien élevée*; mais il faut convenir en même temps que l'on dirait aussi que sa gouvernante aux yeux de lynx est toujours derrière elle. Elle sera, comme de raison, habillée avec la précision la plus minutieuse et la plus exacte convenance. Son corset ne permettra pas qu'un pli se montre dans sa robe, et son coiffeur ne souffrira pas qu'un seul cheveu quitte la place qu'il lui a assignée. Mais si vous désirez voir cette grâce parfaite dans la toilette, cette *agacerie* de costume que rien ne saurait égaler, et qui distingue une Française de toutes les autres femmes du monde, il faut quitter *mademoiselle* pour vous approcher de *madame*. Le son même de sa voix est différent. On dirait que le cœur et l'ame d'une jeune fille en France sont endormies, ou du moins assoupies, jusqu'à ce que la cérémonie du mariage vienne les réveiller. Tant que c'est mademoiselle qui parle, il y a quelque chose de monotone, de triste, de dépourvu d'intérêt, dans son organe, mais dès que c'est madame qui vous adresse la parole, elle y met tout le charme que peuvent donner le ton, le rhythme et l'accent.

En Angleterre, au contraire, le plus grand charme de la jeunesse est sans contredit le son libre, frais, naturel, doux et joyeux, de la voix d'une jeune fille. Cette voix est délicieuse comme celle de l'alouette qui, dans la fraîcheur du matin, salue le soleil levant. Elle n'est pas contrainte, emprisonnée, retenue par la crainte d'exercer de trop bonne heure sa puissance de sirène.

Jusque dans la danse, véritable arène faite pour déployer les grâces de la jeunesse, la jeune fille, en France, est encore vaincue quand ses pas, bien étudiés, se comparent avec les mouvemens aisés, faciles, enchanteurs, de la femme mariée.

Dans la naïve amabilité même qui suffirait pour rendre une jeune fille charmante, quand elle n'aurait pas d'autre charme, il est nécessaire de garder une prudente réserve. Quand une demoiselle française aurait le meilleur cœur du monde, la *bienséance* ne lui permettrait pas de le faire voir. Un jeune Anglais de ma connaissance, fort répandu, à la vérité, dans la société française, mais qui n'était pas initié dans les mystères de l'éducation féminine, m'a raconté l'autre jour une aventure qui lui est arrivée, et qui fait bien comprendre ce que je viens de dire, quoiqu'elle n'ait pas beaucoup de rapport à mon bal d'hier au soir. Ce jeune homme avait été pendant assez longtemps fort bien reçu dans une maison française, où il avait fréquemment dîné, et où il se regardait à tous égards comme l'ami de la famille.

Les maîtres de la maison n'avaient qu'un seul enfant, une fille, assez jolie, mais dont les manières étaient froides, silencieuses, presque repoussantes, gauche d'ailleurs et n'inspirant aucun intérêt. Tous les efforts qu'il avait tentés pour lier conversation avec elle avaient été inutiles, et quoiqu'il se fût trouvé bien souvent dans sa société, l'Anglais croyait en être à peine connu.

Ce jeune homme retourna en Angleterre; mais au bout de quelques mois, il eut occasion de revenir à Paris. L'un des premiers jours après son arrivée, étant allé au Louvre, il s'arrêta devant un tableau qui attira particulièrement son attention. Tout à coup il s'entendit adresser la parole par une femme très belle et très élégante, qui du ton le plus aimable et le plus amical, lui fit une foule de questions, s'informa de sa santé et le pria instamment de venir la voir, ajoutant : « Mais il y a un siècle que je ne vous ai vu. » Mon ami ne pouvait s'empêcher de la considérer avec autant d'admiration que de surprise. Il se disait en lui-même que bien certainement il l'avait vue quelque part, sans pouvoir se rappeler où. Voyant son embarras, elle sourit et dit : « *Vous m'avez donc oubliée ? Je m'appelle Églé de P***.....; mais je suis mariée.* »

Mais pour en revenir à notre bal, m'apercevant que toutes les femmes mariées étaient invitées l'une après l'autre jusqu'à ce qu'il ne restât plus un seul danseur, je me sentis sérieusement fâchée : car, nonobstant l'assistance de nos ignorans compatriotes, il y avait encore au moins une demi-douzaine de jeunes Françaises qui n'étaient pas pourvues de cavaliers.

Elles ne parurent pourtant pas, à beaucoup près, aussi désappointées que l'auraient été des Anglaises si le même malheur leur était arrivé. Elles y étaient accoutumées, comme les pauvres anguilles à être écorchées, tandis que les hommes remplissaient le cruel office de cuisiniers, et n'avaient aucune pitié de ces infortunées, dont les jolis petits pieds battaient la mesure sur le parquet, pendant qu'elles contemplaient les heureuses femmes mariées figurer devant elles dans des contredanses où elles auraient donné tout au monde pour pouvoir les suivre.

Quand enfin toutes les femmes mariées, jeunes et vieilles, furent pourvues, plusieurs hommes d'un âge mûr et fort respectable, sortirent de leurs coins, se levèrent de dessus leurs sofas et vinrent se présenter aux jeunes aspirantes, de qui ils furent acceptés avec des sourires calmes et gracieux, et obtinrent la permission de danser avec elles.

Les dames de mon âge, destinées par le sort à former la tapisserie d'un salon, savent puiser de l'amusement et de la consolation dans un grand nombre de sources différentes. Elles profitent d'abord de la conversation des personnes auprès desquelles elles sont placées; ou bien, si elles aiment mieux garder le silence, elles entendent les plus jolis airs à la mode parfaitement exécutés. Puis toute l'arène de pieds légers est ouverte à leur critique et à leur admiration. Je ne dis rien de l'agrément de prendre de temps en temps une glace quand le plateau passe devant elles, ce qui ne laisse pourtant pas de déguiser pour elles la longueur du temps. Mais il y a encore un autre genre d'amusement, dont l'aveu trop hautement fait pourrait bien faire désirer à la portion la plus jeune du monde civilisé que les vieilles dames y vissent moins clair. Je veux parler du plaisir de contempler en silence une demi-douzaine d'intrigues qui se passent autour de soi, et dont les unes sont conduites si adroitement, les autres avec tant de gaucherie!

Mais dans toutes ces occasions, quoiqu'une vieille dame bien élevée en Angleterre prenne toujours grand soin de faire en sorte que l'on ne s'aperçoive pas qu'elle voit ce qu'elle voit, elle regardera autour d'elle sans aucune sensation d'embarras, sans se dire à elle-même qu'elle préférerait être partout ailleurs qu'où elle est, afin de ne pas voir ce qui se passe près d'elle; enfin, dans tous les cas, elle sera convaincue que la belle dame est occupée à faire sa fortune et non point à la ruiner.

On agit, si ce n'est mieux, du moins différemment en France.

En Angleterre quand on voit une femme passer par toutes les manœuvres de la coquetterie, depuis la première phrase indifférente de *comment vous portez-vous ?* jusqu'à cette douce langueur dans laquelle les yeux se fixent immobiles sur le tapis, pendant que la tête légèrement penchée semble vouloir faciliter à l'heureuse oreille le moyen de s'abreuver des enivrantes protestations du *parfait amour;* quand ces choses, dis-je, se voient en Angleterre, même dans le cas où la dame aurait plus de dix-huit ans, on peut être assuré qu'elle n'est pas mariée; mais ici, soit dit d'ailleurs sans la plus légère ombre de médisance, on est tout aussi certain qu'elle l'est.

Elle est peut-être veuve, ou bien peut-être sa coquetterie se joint-elle à la plus parfaite innocence, n'étant dictée que par la mode; la seule chose impossible, c'est qu'elle soit une jeune personne à marier. J'étais profondément livrée à ces réflexions hier au soir, quand une dame d'un certain âge qui, pour quelque motif assez difficile à deviner, ne walse jamais, traversa le salon pour venir se placer à côté de moi.

Quoiqu'elle ne walse point, c'est une charmante personne; et sachant par expérience combien sa conversation était agréable, je fus charmée de l'avoir dans mon voisinage.

« A quoi pensez-vous, madame Trollope? me demanda-t-elle; vous avez l'air de méditer. »

Je délibérai un moment pour savoir si je devais ou non lui avouer franchement ce qui se passait dans mon esprit; mais pendant que je réfléchissais, je vis sur sa physionomie que je n'avais pas de sévérité à craindre de sa part si je me décidais à lui accorder toute ma confiance. Je répondis donc avec toute sincérité:

« Je médite en effet...; et c'est sur la position des femmes non mariées en France. »

— « Des femmes non mariées!... vous n'en trouverez presque point en France, » me dit-elle.

— « Ces dames qui viennent de danser ne sont pas mariées, je pense? »

— « Ah!... Mais vous ne pouvez pas dire que ce soient des femmes non mariées. *Ce sont des demoiselles.* »

— « Soit!..... Mes méditations les concernaient. »

— « Eh bien! »

— « Eh bien! il me semble que ce n'est pas pour elles que le bal se donne, que la musique joue. Les hommes ne sont nullement *empressés* auprès d'elles. »

— « Non, certainement; il serait tout-à-fait contraire à nos idées de convenance, que cela fût ainsi. »

— « Avec nous, c'est bien différent !... Ce sont les jeunes personnes qui sont les héroïnes, ostensibles du moins, de tous les bals. »

— « Les héroïnes *ostensibles* ! » Elle appuya avec assez de force sur l'adjectif, puis elle ajouta, avec un sourire : « Chez nous les héroïnes ostensibles sont les véritables. »

Je m'expliquai.

« Je conviens qu'en Angleterre les véritables héroïnes sont, dans certains cas de luxe et d'ostentation, les dames qui rendent les bals. »

— « L'explication est ingénieuse, reprit-elle en riant ; je croyais que vos paroles cachaient un autre sens... Vous pensez donc, continua-t-elle, que l'on attache ici trop d'importance aux jeunes femmes mariées ? »

— « Oh ! non, répondis-je vivement. Je suis d'avis qu'il est impossible d'attacher à elles trop d'importance : car je suis convaincue que c'est de leur influence que dépend uniquement le ton de la société. »

— « Vous avez parfaitement raison. Il est impossible que des personnes qui ont vécu aussi long-temps que moi dans le monde en

4.

puissent douter. Or comment voulez-vous que cela soit si dans toutes les réunions on les néglige, pendant que de jeunes personnes, qui n'ont encore aucune position fixée dans le monde, sont mises en évidence à leurs dépens ? »

— « Mais quand nous parlons d'importance, je ne pense pas que vous ou moi nous entendions celle qui se rattache à une contredanse ou à une walse. »

— « Non certainement; mais elle en est une conséquence nécessaire. Chez nous les femmes se marient jeunes, aussitôt que leur éducation est terminée et avant qu'elles aient pu entrer dans le monde ou en partager les plaisirs. Leur destinée, au lieu d'être la plus brillante dont une femme puisse jouir, serait la plus triste si on leur défendait les amusemens si naturels à leur âge et à leur caractère national, par la seule raison qu'elles sont mariées. »

— « Mais n'y aurait-il pas du danger dans la coutume qui lance pour la première fois dans la société de jeunes femmes déjà irrévocablement engagées, et qui les expose aux attentions d'hommes qu'il est de leur devoir de ne pas trouver trop aimables? »

— « Oh non!... Si une jeune femme est bien disposée, ce n'est pas une contredanse ou même une walse qui la feront dévier de la bonne route. Si ces amusemens avaient un tel pouvoir, les législateurs de la terre devraient les interdire à jamais. »

— « Non, non, non; ce n'était pas là du tout ce que j'ai voulu dire. Je suis au contraire convaincue, et par le souvenir de mes impressions et par les observations que j'ai faites sur celles des autres, que la danse n'est pas un divertissement factice, mais une source naturelle et véritable de plaisir. Aussi, loin de vouloir l'interdire, je désirerais, si j'en avais le pouvoir, la rendre infiniment plus générale et plus fréquente qu'elle ne l'est. De jeunes gens ne devraient jamais se réunir sans pouvoir danser s'ils en ont envie. »

— « Et c'est de ce plaisir si vif, dont vous avouez que nous sentons en nous-mêmes le *besoin*, que vous voudriez priver toutes les jeunes femmes âgées de plus de dix-sept ans, par la seule raison qu'elles sont mariées?... Pauvres infortunées!... Au lieu de les trouver aussi disposées qu'elles le sont d'ordinaire à entrer sur la scène tumultueuse de la vie, je crois que nous obtiendrions difficilement la permission de les mettre en ménage. Si telles étaient les lois du mariage, elles ne tarderaient pas à le prendre en horreur. »

— « Je ne voudrais pas qu'il en fût ainsi, » répondis-je assez embarrassée pour m'expliquer sans dire quelque chose qui pût être considéré soit comme un doute injurieux à l'égard d'une conduite innocente, soit comme une attaque trop peu polie contre les mœurs nationales. Je gardai donc le silence.

Mon interlocutrice eut l'air d'attendre que je continuasse; mais après une courte pause, elle poursuivit en ces termes :

« Quel serait donc l'arrangement que vous proposeriez pour concilier la nécessité de danser avec les convenances qui exigent, selon vous, que les femmes mariées ne soient pas exposées aux dangers qui en résultent? »

— « Il y aurait sans doute trop de nationalité

de ma part si je répondais, qu'à mon avis, notre façon d'agir est précisément celle qui convient. »

— « C'est donc là votre opinion? »

— « Je vous le dis avec sincérité. »

— « Voudriez-vous donc avoir la complaisance de m'expliquer quel est sous ce rapport la différence entre la France et l'Angleterre? »

— « La voici. Chez nous, la danse, qui de tous les amusemens est celui qui dispose le plus les hommes à exprimer des sentimens d'admiration, et les femmes à les écouter avec bienveillance, est regardée comme plus faite pour les personnes non mariées que pour celles qui le sont. »

— « Chez nous, c'est exactement le contraire; du moins pour ce qui regarde les femmes. En adressant à une jeune fille la vaine galanterie qu'inspire la danse, nous croirions violer la prudente et délicate contrainte dans laquelle elle est retenue. Une jeune personne doit être remise à son mari avant que ses passions se soient éveillées, avant que son imagination ait été excitée par les accens de la galanterie. »

— « Croyez-vous donc qu'il soit à désirer que cela ait lieu après qu'elle lui aura été donnée ? »

— « Je ne dis pas que cela soit à désirer, mais ce serait infiniment moins dangereux. Dans les premiers temps de son mariage, les sentimens, les pensées, l'imagination d'une jeune femme sont exclusivement remplis de son mari. Son éducation a pourvu à cela ; et ensuite il dépend de ce mari de conserver la possession exclusive de ce jeune cœur. S'il le veut sincèrement, ce n'est pas une walse ou une contredanse qui la lui enlèvera. Il n'y a pas de pays au monde où les maris aient moins de raison de se plaindre de leurs femmes qu'en France : car il n'y a point de pays où leur manière de vivre avec elles dépende plus exclusivement d'eux. Chez vous, s'il faut en juger d'après vos romans, et même d'après les étranges procès qu'on lit dans vos journaux, la position est renversée. Nous n'entendons parler, nous ne lisons que d'attachemens formés avant le mariage et que l'on renouvelle après ; et certes ces récits ne doivent pas nous engager à changer notre système contre le vôtre. »

« La notoriété même du cas que vous citez prouve combien ils sont rares, répondis-je; ces tristes histoires n'auraient que peu d'intérêt pour le public, soit comme romans, soit comme procès, si elles ne retraçaient pas des circonstances hors du cours de la vie ordinaire. »

— « Sans doute; mais vous conviendrez pourtant que, si elles sont rares en Angleterre, elles le sont bien davantage en France. »

— « Elles n'y produisent peut-être pas autant de sensation. »

— « Parce qu'elles sont plus communes, pensez-vous. N'est-ce pas là votre idée? »

En parlant ainsi elle souriait d'un air de reproche.

« Non, ce n'était pas là ce que je voulais dire, et ce n'est pas une occupation fort agréable que de calculer le plus ou moins de vertu qui se trouve de chaque côté de la Manche. Toutefois, je pense qu'il pourrait être avantageux aux deux pays de modifier l'éducation en y introduisant ce qu'il y a de meilleur dans chacun d'eux. »

— « Je n'en doute pas, dit-elle; et puisque nous continuons si amicalement à prendre de part et d'autre nos modes, qui sait si vous ne finirez pas par renfermer un peu plus vos jeunes personnes, pendant que leurs parens chercheront pour elles de bons partis; tandis que chez nous les jeunes femmes renonceront à leur petite coquetterie pour devenir des *mères respectables*, un peu plus tôt qu'elles ne le font maintenant, quoique, à dire vrai, toutes y arrivent tôt ou tard. »

Comme elle achevait de parler, une nouvelle walse se fit entendre, et une demi-douzaine de couples, les uns bien, les autres mal assortis, passèrent devant nos yeux. L'un d'eux se composait d'un jeune homme de fort bonne mine, avec des favoris et des moustaches d'un noir bleu, grand comme une tour, et qui, à en juger par l'apparence, n'était pas du tout mécontent de sa personne, et d'une danseuse qui aurait fort bien pu adresser à son goutteux mari, assis non loin de nous, les vers suivans :

Déjà plus de trente fois le char de Phébus a fait le tour
Des flots salés de Neptune et des côtes qu'ils baignent,
Et trente fois douze lunes ont, de leur lumière empruntée,
Éclairé le monde douze fois trente nuits,
Depuis que dans des nœuds sacrés
L'amour a uni nos cœurs et l'hymen nos mains.

Ma voisine et moi nous nous jetâmes mutuellement un regard en les voyant passer, et nous échangeâmes un sourire.

« Vous avouerez du moins, me dit-elle, que c'est là un des cas où une femme mariée peut se livrer à la passion pour la danse sans crainte des conséquences. »

« Je ne suis pas sûre de cela, répondis-je; car si personne ne soupçonne sa vertu, il n'en est pas de même de sa sagesse. Mais apprenez-moi donc ce qui a pu engager ce superbe personnage, qui, en la regardant, a l'air de mesurer la distance qui les sépare, à solliciter l'honneur de serrer entre ses doigts sa vénérable taille ? »

— « Rien n'est plus facile à expliquer; cette petite blonde que vous voyez là bas dans le coin, avec ses cheveux si bien lissés sur son front, est la fille de cette vieille dame; elle est sa fille unique, et elle aura une fort belle *dot*. Maintenant vous comprenez sans doute... Et dites-moi, dans le cas où cette spéculation ne réussirait pas, ne vaut-il pas infiniment mieux que ce soit à cette excellente dame, qui ressemble si fort à un canard en walsant, que s'adresse toute l'éloquence par laquelle il cherche à se rendre aimable et à attendrir son cœur aguerri par les années, plutôt qu'à cette jeune fille, si délicate et si susceptible d'impressions dangereuses? »

— « Est-ce bien sincèrement que vous voudriez nous engager à faire ainsi l'amour par procuration, mettant la maman à la place de la jeune personne, en attendant que celle ci ait reçu le brevet qui lui donne le droit de prêter directement l'oreille au langage de l'amour? Quelque beau que puisse être votre projet, ma chère dame, c'est en vain que vous espérez de le faire réussir parmi nous. Nos jeunes personnes diraient toutes, je pense, comme vous quand vous ne voulez pas admettre d'innovations anglaises : *Ce n'est pas dans nos mœurs.* »

Je vous assure, ma chère amie, que je n'ai point composé cette conversation *à loisir* et pour votre amusement, je n'ai fait que la transcrire aussi exactement que ma mémoire me l'a permis; seulement je ne vous l'ai pas donnée tout entière, ma lettre n'étant déjà que trop longue.

LETTRE XXXV.

Les Trottoirs. — Les Maisons pour une seule famille. — Elles n'ont pas réussi; pourquoi. — Véritable raison qui rend le séjour de Paris économique pour des Anglais. — Richesse naissante de la bourgeoisie.

―――

Au nombre des améliorations qui se sont faites à Paris et qui doivent évidemment leur origine à l'Angleterre, celles qui frappent l'œil tout d'abord sont, en premier lieu, l'usage maintenant presque général des tapis dans les salons et l'agrément des trottoirs dans les rues. Dans quelques années d'ici, il sera presque aussi facile de marcher à Paris qu'à Londres; pourvu toutefois que l'on ne dépave pas de nouveau la ville pour obtenir encore de l'*immortalité*. A la vérité, les vieilles rues ne sont pas tout-à-fait assez larges pour admettre de chaque côté les énormes esplanades qui bordent les rues du Régent et d'Oxford; mais tout ce qui est nécessaire à la sûreté et à la commodité pourra s'obtenir avec un moins grand sacrifice d'espace. D'ailleurs, les personnes qui ont connu Paris il y a une douzaine d'années, quand il fallait sauter d'un pavé à l'autre pour ne pas se mouiller les pieds dans la canicule, toujours tourmenté d'ailleurs par la crainte d'être écrasé par des charrettes, des fiacres, des coucous, des cabriolets ou des brouettes; ces personnes-là, dis-je, béniront, d'un cœur reconnaissant, le cher petit trottoir qui, à l'exception des intervalles nécessaires pour permettre l'entrée des portes cochères des grands hôtels, et d'un petit nombre d'autres encore qui paraissent avoir été oubliés, bordent maintenant la plupart des principales rues de Paris.

On a encore tenté une autre innovation anglaise beaucoup plus importante sous tous les rapports; mais celle-ci a manqué. Il s'agissait d'introduire l'usage de petites maisons construites pour être occupées par une seule famille. Un petit nombre ont en effet été bâties dans un quartier la ville; c'est celui qui s'étend dans toutes les directions, derrière la Madelaine; mais elles ne sont pas recherchées, et il y a pour cela différentes raisons, que l'on aurait pu, ce me semble, facilement prévoir, et auxquelles je pense qu'il sera très difficile d'obvier.

Pour que ces maisons pussent convenir à la médiocrité générale des revenus français, il faudrait qu'elles fussent construites sur une échelle si petite qu'elles ne pourraient renfermer aucune belle pièce. Or c'est là un agrément qui permet de déployer un certain air de luxe et d'aisance auquel bien des gens sont accoutumés, qui ne paient que quinze cents ou deux mille francs par an de loyer. Il y a en outre un agrément que l'habitude a rendu nécessaire à la plupart des familles françaises, et dont elles ne peuvent jouir qu'en partageant les frais avec plusieurs voisins, c'est d'avoir un portier et une loge. Quoique les domestiques, à Paris, soient d'une activité remarquable, je crois qu'il faudrait, en beaucoup de cas, doubler leur nombre, si au lieu d'avoir un portier, on adoptait la méthode anglaise, d'après laquelle un domestique serait obligé de courir à la porte toutes les fois qu'arriverait un paquet, un message, une lettre ou une visite.

Et ce n'est pas encore là tout l'office de ce serviteur de plusieurs maîtres; je ne prétends pas même savoir exactement tout ce qu'il fait. Il est certain que presque toutes les fois que je donne un ordre; on me répond : *Oui, madame, le portier ou la portière fera cela.* Et si nous étions inopinément privés de ces factotum, je crois en vérité que nous n'aurions d'autre parti à prendre que de quitter notre appartement, pour nous réfugier dans un hôtel garni, car je ne sais en vérité combien il nous faudrait d'*aides*, pour me servir de l'expression américaine, afin de nous mettre à même de nous passer de portier.

Si l'on songe que tout le système de l'existence domestique, parmi les classes moyennes de Paris, dépend de la loge du portier, on conviendra que c'est là un nouvel exemple des grands effets résultant de petites causes; mais on m'a si souvent assuré que c'est là principalement ce qui a fait manquer la spéculation des petites maisons à l'anglaise, qu'il ne m'est pas possible d'en douter.

Du reste, je ne sais si l'on doit regarder comme un mal, un usage qui empêche les Parisiens de changer leur manière de vivre aussi totalement qu'ils seraient obligés de le faire s'ils demeuraient dans des maisons séparées. Les Parisiens forment une population fort aimable, et selon toutes les apparences fort heureuse; qui sait l'effet que pourrait produire l'usage tranquille et bien ordonné d'avoir chacun sa maison? La même qualité qui est admirable lorsqu'elle entre dans la composition de tel caractère, a souvent une apparence d'incongruité qui choque dans tel autre; et je soupçonne fort que la jolie petite maison, qu'il faudrait payer le même prix qu'un élégant appartement au premier, refroidirait et calmerait singulièrement cette vivacité et cette gaieté qui, survivant aux années, fait que le locataire sexagénaire de ce premier, monte deux à deux les marches de l'escalier qui y conduit; je suis pesuadée aussi que les jolis petits pieds bien chaussés qui montent avec insouciance l'escalier commun, ralentiraient involontairement le pas en traversant ce vilain vestibule, auquel, pour y ajouter le moindre ornement, il faudrait faire une dépense souvent assez forte, sans compter encore celle de faire *frotter ce vilain escalier* du haut jusqu'en bas.

Le fait est, je crois, que le taux moyen des fortunes en France, telles qu'elles sont aujourd'hui, ne suffirait pas pour procurer aux classes moyennes cette élégance à laquelle elles sont accoutumées dans leur intérieur, si ce n'est par le sacrifice de quelque portion de cette coûteuse délicatesse que les Anglais du même rang regardent comme faisant partie de leur prérogative.

Quoique je sois bien loin de dire que je me sente disposée à échanger l'habitude que j'ai contractée depuis si long-temps d'habiter une maison à moi, contre l'usage parisien des appartemens, je ne puis pourtant m'empêcher d'avouer que, par suite de cet arrangement, et de quelques autres encore, le revenu d'une famille française contribue infiniment plus à lui procurer les jouissances de la vie qu'un revenu équivalent ne le fait en Angleterre.

Qu'un Anglais, quel que soit son revenu, grand ou petit, se donne la peine de calculer la portion de ses dépenses qui est immédiatement consacrée à son agrément personnel et aux douceurs de la vie, et celle au contraire qui passe à des dépenses n'ajoutant ni à l'une ni à l'autre ; le résultat de ce calcul démontrera la vérité de ce que je viens de dire.

Rousseau dit que les expressions *cela se fait* et *cela ne se fait pas* sont les lois d'après lesquelles se règle tout ce qui se passe dans l'enceinte des murs de Paris.

On ne saurait nier que ces mêmes expressions n'aient une puissance au moins égale à Londres ; et malheureusement pour notre indépendance individuelle, il en coûte beaucoup plus chez nous qu'il ne le fait ici pour obéir à leurs lois. Des sommes considérables se dépensent annuellement sur des revenus très bornés, pour fournir à des frais qui ne contribuent en rien au bonheur personnel de ceux qui s'imposent cette charge. Mais il faut s'y soumettre, parce que *cela se fait* et *cela ne se fait pas*. A Paris, au contraire, cette phrase impérative n'a qu'une influence à peine perceptible sur les dépenses; le principal but n'étant point de paraître aussi riche que son voisin, mais de faire en sorte que ses moyens, grands ou petits, contribuent autant que possible au bonheur et à l'embellissement de son existence.

C'est pour cette raison qu'un séjour à Paris devient une ressource si avantageuse dans le cas d'une fortune réduite ou insuffisante. Une famille qui viendrait en France, dans l'espoir d'obtenir à meilleur marché qu'en Angleterre les premières nécessités de la vie, serait dans une grande erreur. Quelques objets sont à la vérité moins chers, mais d'autres le sont beaucoup plus, et, à dire vrai, je doute qu'en ce moment il y en ait un seul, que l'on puisse considérer comme une véritable nécessité de la vie, qui soit à meilleur marché à Paris qu'à Londres.

Ce ne sont pas les nécessités, mais les superfluités de la vie qui sont à meilleur marché ici; ainsi le vin, les meubles d'ornement, l'entretien des chevaux, le prix des voitures, les théâtres, les bougies, le fruit, les livres, le loyer de beaux appartemens, les gages des domestiques mâles, tout cela coûte beaucoup moins cher qu'en Angleterre; les impositions directes sont aussi beaucoup moins lourdes; et pourtant ce n'est pas là la principale raison qui fait que le séjour de Paris devient économique pour des personnes qui ont des prétentions quelconques à tenir un certain rang chez elles. La nécessité de l'ostentation, la plus coûteuse de toutes celles que le rang s'impose, est presque nulle ici, et l'on peut s'en dispenser sans s'abaisser le moins du monde. En un mot, l'avantage de vivre à Paris, sous le rapport de l'économie, dépend uniquement des objets de luxe que l'on peut se procurer. Il y a certainement plusieurs points de délicatesse et de raffinement dans la manière de vivre anglaise, que je serais très fâchée de voir abandonner par la nation dont ils forment le caractère distinctif; mais il me semble que nous gagnerions beaucoup, sous bien des rapports, si nous pouvions apprendre à ne plus mesurer l'importance dont nous sommes à nos propres yeux d'après notre ressemblance avec les autres. Nous frémissons à la cruelle démence du tyran qui voulait réduire tous les hommes à être de la même taille; mais sont-ils moins fous ceux qui prétendent que, pour vivre en gens *comme il faut*, il est indispensable que tout le monde vive absolument de même, quoique les revenus varient au point que si l'un peut sans inconvénient se livrer à toute sa prodigalité, l'autre ne peut, sans manquer à la probité, satisfaire la moindre de ses fantaisies.

Ce genre de folie se rencontre beaucoup plus rarement ici qu'en Angleterre, et ce n'est certes pas une preuve du bon sens de notre « nation puissante » de voir que pour une famille, qui en France se ruine par des dépenses folles, il y en a cinquante en Angleterre que la même cause a réduites à la misère.

Il est aisé de reconnaître que nos grandes richesses sont la cause de ceci. L'échelle générale des dépenses a été montée sur un taux si élevé, qu'une foule de personnes, qui ont vécu d'après cette échelle générale plutôt que d'après celle de leur fortune particulière, se sont ruinées par l'erreur qu'elles ont commise; et dans ce cas je ne connais pas de remède plus assuré qu'un séjour à Paris ; non pas à la vérité comme le moyen d'épargner de l'argent, mais comme celui d'apprendre à en faire le meilleur usage possible.

Je suis convaincue que si nous pouvions adopter la mode d'imiter l'indépendance des Français dans leur manière de vivre, de même que nous copions leurs ragoûts, leurs chapeaux et leurs bronzes, nous augmenterions considérablement notre bonheur. Si nos dames n'éprouvaient pas un serrement de cœur en voyant plus de grands laquais dans le vestibule de leurs voisines que dans le leur; si nos hommes ne soupiraient pas en secret de ce que leur écurie est moins bien garnie que celle de leur ami un tel; si l'on ne faisait pas des dettes chez Gunter, chez Howel ou chez James, parce que l'on aimerait mieux mourir que de se laisser surpasser; si ce n'était pas, dis-je, tout cela, nous formerions un peuple beaucoup plus heureux et plus respectable que nous ne le sommes.

On m'a dit que, depuis la dernière révolution, les habitans de la France sont devenus beaucoup plus avides d'argent qu'ils ne l'étaient auparavant. La paix, que la nouvelle dynastie maintient avec tant de soin, leur a donné le temps et l'occasion de placer et d'augmenter leurs capitaux, et la conséquence en est que les goûts marchands que Napoléon avait coutume de nous reprocher, ont traversé la Manche et commencent à causer de grands changemens ici. Il est évident que la richesse de la bourgeoisie augmente rapidement, et si rapidement même que les républicains s'en effraient déjà et parlent de l'abomination d'une aristocratie bourgeoise.

Il n'y a rien, selon moi, dans la situation générale du pays, qui soit plus favorable que cette grande et puissante impulsion donnée au commerce. C'est là le meilleur lest que puisse avoir le vaisseau de l'État; et pourvu que l'on prenne soin qu'il n'arrive rien qui oblige à le jeter à la mer, il suffira, pour maintenir le bâtiment à flot, de quelque côté que souffle le vent.

C'est de cette classe marchande qu'est tirée la grande majorité de la garde nationale; et c'est parce que son enjeu devient de jour en jour plus grand et plus important, que l'ordre de choses actuel peut compter sur sa fidélité, et sur le soin qu'il prendra pour empêcher tout changement qui compromette sa prospérité naissante. « Les gardes nationaux sont les troupes les plus fidèles du monde; ils adorent Louis-Philippe! » disait l'autre jour quelqu'un dans une réunion, où l'on n'a cessé de parler politique depuis le premier moment jusqu'au dernier. « C'est vrai, répondit un autre, ce sont les plus fidèles troupes du monde; mais c'est parce qu'elles adorent leurs boutiques. » Mais quelle que soit la cause de cette fidélité, l'effet en est le même, et tant que cette force, toujours prête et toujours présente, existera, le commerce de la capitale aura peu à craindre d'une nouvelle révolution.

L'effet de la richesse naissante de la bourgeoisie est visible sous différens rapports; mais surtout dans le grand nombre de belles maisons qui s'élèvent avec rapidité, blanches et brillantes comme de jeunes champignons, dans la partie nord-ouest de Paris. C'est là un monde tout-à-fait nouveau et qui me rappelle les premiers temps de Russel-Square et de ses environs. L'église de la Madeleine, au lieu de se trouver placée, comme autrefois, presque à l'extrémité de Paris, a maintenant derrière elle une ville toute neuve, et si les constructions avancent toujours dans la même proportion, nous ou nos enfans verront cette église occuper à Paris une position aussi centrale que le fait à Londres celle de Saint-Martin-des-Champs. Un marché a déjà été établi dans cette nouvelle ville, et je ne doute pas que des églises, des restaurans et des théâtres sans nombre ne le suivent.

Cette augmentation subite de richesses a occasioné une grande augmentation dans le prix de presque tous les objets qui se vendent à Paris, et si l'argent continue à y arriver avec autant d'abondance, il est plus que probable que les modestes profits des marchands de Paris égaleront à la fin les fortunes colossales de l'Angleterre; et alors plusieurs circonstances qui existent aujourd'hui et qui forment les points de différences les plus remarquables entre les deux pays disparaîtront, une grande aisance étant en bien des cas la seule chose qui manque à une famille française pour la faire vivre tout-à-fait à l'anglaise. D'un autre côté, si jamais cela arrive, je ne sais s'il n'est pas à craindre qu'elles ne perdent du côté des modestes plaisirs beaucoup plus qu'elles ne gagneront par leur surcroît de splendeur. Quant à moi, je pense que quand des dîners de cérémonie remplaceront les visites si peu coûteuses du soir, Paris sera plus d'à moitié gâté; et les Anglais devront alors se contenter de rester orgueilleusement et pompeusement chez eux, car au lieu de l'aimable et gai contraste que Paris leur offre aujourd'hui, ils n'y trouveront plus qu'une rivalité souvent heureuse.

LETTRE XXXVI.

Église apostolique française. — Sa Doctrine. — L'Abbé Auzou. — Son Sermon sur les *Plaisirs populaires*.

Parmi le grand nombre de recommandations qui m'ont été faites par mes amis, d'aller voir telle chose ou d'aller entendre telle autre, recommandations auxquelles j'ai déjà dû tant d'agrément, il y en avait une qui m'avait été très souvent répétée. Il s'agissait d'aller visiter *l'église apostolique française,* sur le boulevart Saint-Denis, tant pour entendre prêcher l'abbé Auzou, que pour observer les particularités du culte, ou pour mieux dire, de la doctrine de cette église, car les cérémonies de l'autel diffèrent peu, pour autant que j'ai pu m'en apercevoir, de celles de l'Église de Rome, si ce n'est que sa pauvreté bien évidente ne lui permet pas d'étaler la splendeur qui d'ordinaire accompagne la célébration des offices de sa rivale.

Je ne possède pas de données assez satisfaisantes pour pouvoir juger du degré de considération dont jouit cette nouvelle secte. Les uns parlent de ses chefs comme d'autant d'apôtres, tandis que les autres les traitent comme des parias indignes de fixer l'attention.

Avant d'écouter l'abbé Auzou ou d'assister au service de son église, j'ai voulu lire quelques-unes des brochures dans lesquelles ils expliquent leurs dogmes, et en conséquence j'entrai dans un petit bureau, situé derrière la chapelle sur le boulevart Saint-Denis, où l'on m'avait dit que je pourrais me les procurer. Ayant acheté un catéchisme, des hymnes, des sermons, etc., nous entrâmes en conversation avec le jeune homme qui présidait à cet obscur cabinet, honoré du nom de *Secrétariat de l'Eglise apostolique française.*

Il nous dit qu'il était vicaire de cette chapelle; nous le trouvâmes très communicatif.

La principale différence entre cette nouvelle église et celles qui l'ont précédée dans la réforme, paraît consister dans la conservation de certaines formes extérieures du culte que les autres réformateurs ont rejetées, ainsi que de plusieurs dogmes, purement de doctrine et n'ayant aucun rapport avec les principes de pouvoir et de discipline ecclésiastique, dont l'abus a été la cause immédiate de toute réforme protestante. Ils admettent la présence réelle. D'un autre côté leur clergé se marie; ils nient que le prêtre possède le pouvoir de donner l'absolution, et lui accordent seulement celui d'intercéder par ses prières afin d'obtenir le pardon du pénitent. La confession auriculaire n'est pas ordonnée, mais recommandée comme utile pour les enfans. Ils professent une tolérance complète pour toutes les variétés de croyances chrétiennes; mais en qualité d'*Église française*, ils refusent de reconnaître la dépendance d'une *secte étrangère* quelconque, expression par laquelle je pense qu'ils ont voulu désigner l'Église de Rome. Ils déclarent aussi, *d'après l'Evangile*, que la religion ne doit jamais intervenir dans les gouvernemens temporels.

Ils reconnaissent les sept sacremens, modifiant seulement celui de la pénitence, ainsi que je viens de le dire. Ils nient l'éternité des peines, mais sans parler du purgatoire. Ils ne commandent pas le jeûne.

En toutes ces doctrines il n'y a presque rien qui diffère de celle des églises réformées, si ce n'est la présence réelle dans les élémens de l'Eucharistie ; mais les cérémonies sont en tout semblables à celles de l'Église catholique. Du reste, quoi qu'il puisse y avoir de bien ou de mal dans ce mélange, son effet ne peut manquer, je pense, d'être absolument nul sur la société, à cause de l'absence totale de toute hiérarchie ou discipline ecclésiastique quelconque. Cette Église ne reconnaît pas non plus de division de territoire, soit en arrondissemens, soit en paroisses.

Il serait impossible de porter plus loin que cela les principes *décousus* du siècle. Une corde de sable est le seul emblème qui puisse convenir à une communauté ainsi constituée; et comme elle, il faudra nécessairement qu'elle tombe en poussière, car il n'y a aucun principe d'union pour l'empêcher de crouler.

Après avoir lu avec attention la brochure que je m'étais procurée, j'entendis prêcher un sermon, non par l'abbé Auzou, mais par la même personne avec qui j'avais causé au *secrétariat*. Son sermon était un exposé fortement tracé des abus du clergé de Rome, sujet plus fertile que neuf.

En lisant quelques-uns des plus célèbres discours de l'abbé Auzou, j'ai surtout remarqué celui qu'il a intitulé : *Discours sur les plaisirs populaires, les bals et les spectacles.* Le texte est pris de saint Mathieu. « Venez à moi vous tous qui êtes fatigués et qui êtes chargés, et je vous soulagerai : car mon joug est doux et mon fardeau est léger. »

Dans ce sermon, parmi quelques passages raisonnables et plusieurs autres qui paraissent plausibles, il est impossible de ne pas reconnaître un esprit de licence et d'insubordination qui ressemble plus à la révolution qu'à la piété. Je ne suis pas partisan de l'observance judaïque du sabbat, et je n'ignore pas les abus qui ont résulté du pouvoir que l'homme a voulu s'arroger de remettre les péchés des autres hommes, pouvoir qui n'appartient qu'à Dieu. L'autorité illégale qu'a usurpée le souverain pontife de Rome, est aussi suffisamment évidente, de même que plusieurs autres abus relevés avec justice dans les sermons de l'abbé Auzou. Toutefois l'éducation, l'observation, et je pourrais dire l'expérience, m'ont appris que la religion aussi exige ce soin, cette protection, cette hiérarchie qui est si indispensable à la prospérité de toute réunion d'êtres humains qui se rassemblent dans un but quelconque. Une église qui se gouverne elle-même est une idée tout aussi absurde que le serait celle d'un vaisseau qui se dirigerait de lui-même sur les mers.

Mais pour en revenir au sujet de ce sermon j'y trouve le passage suivant :

« Aussi nous vous dirons dans notre chaire apostolique : Ecoutez les commandemens de Dieu ; adorez et glorifiez notre père qui est aux cieux ; pratiquez la morale de l'Évangile ; aimez votre prochain comme vous-même et vous aurez accompli la loi de Jésus-Christ..... et nous ajouterons : Vous êtes membres de la société pour laquelle vous avez été créés ; si cette société vous impose des devoirs, en échange elle vous procure des jouissances et des plaisirs; remplissez ces devoirs et livrez-vous ensuite sans crainte aux jouissances et aux plaisirs qu'elle vous présente. Votre participation à ces mêmes plaisirs, à ces mêmes jouissances, est encore une partie de vos devoirs, et vous aurez accompli encore une fois la loi de Jésus-Christ. »

Certes voilà une doctrine qui peut donner à *l'Église apostolique* le droit de s'intituler une Église *nouvelle*.

Plus loin l'abbé promulgue sa bulle pour permettre tous les genres de plaisirs parisiens; il va même faire une promenade fort agréable et fort pittoresque à la campagne où *les jeunes garçons et filles se livrent à des danses rustiques.* En un mot le tableau qu'il trace de son dimanche est des plus attrayans; mais malheureusement ce qui suit ne permet pas de sympathiser avec lui. Il décrit d'abord l'ivrognerie habituelle avec la réprobation qu'elle mérite; mais ce qu'il reproche à « *l'homme dégradé qui, oubliant chaque jour sa dignité dans les excès d'une hideuse ivrognerie,* » c'est de ne pas « *attendre le jour que*

6.

Dieu a consacré au repos, à la distraction, aux plaisirs, pour se livrer à son ignoble passion. »
Puis il ajoute ces paroles dangereuses :

« Mais condamnerons-nous sans retour notre frère pour un jour d'intempérance passagère, et blâmerons-nous celui qui, cherchant dans le vin, ce présent du ciel, un moment d'oubli des misères humaines, n'a point su s'arrêter à cette douce ivresse, oublieuse des maux et créatrice d'heureuses illusions? »

N'est-ce pas là se servir de l'éperon où il aurait plutôt fallu employer la bride? Il me semble que le monde, et surtout le monde français, est assez disposé à s'amuser, sans qu'il soit nécessaire de le lui recommander du haut de la chaire. Ce n'est pas que la sévérité imprudente et anti-chrétienne du clergé, soit calviniste, soit catholique, ne doive être avec raison attaquée; mais il ne faut point que ces attaques adoptent un langage licencieux ou qui puisse être interprété dans ce sens. En effet quel chrétien, prêtre ou laïque, de quelque communion que ce soit, pourrait répéter sans rougir le passage suivant :

« Rappelons-nous que le patriarche-roi, lui

qui planta la vigne et exprima le jus de son fruit, en abusa une fois, et que Dieu ne lui en fit point le reproche. Dieu punit au contraire le fils qui n'avait point caché cette faiblesse d'un père. »

Après l'éloge du vin vient celui de la danse; mais quoique j'approuve grandement cet exercice pour les jeunes gens, et que je le regarde comme aussi innocent que naturel, je ne voudrais pas, si j'étais obligée de prêcher, m'adresser en ces termes à mes auditeurs :

« Quant aux bals. Je ne chercherai point à les excuser, à les défendre par des exemples puisés dans l'Écriture Sainte, je ne vous représenterai pas David dansant devant l'arche... Je ne vous le donnerai pas non plus pour modèle, à vous jeunes gens de notre France, si polie, si élégante, car sans doute il dansait mal, puisque suivant la Bible, Michol, sa femme, « voyant le roi David qui sautait et dansait, se moqua de lui et le méprisa dans son cœur. »

J'avais l'intention de vous donner aussi quelques échantillons de la manière dont l'abbé Auzou parle des représentations théâtrales, mais je craindrais que cela ne m'entraînât trop loin. Ce n'est pas qu'il n'y ait parfois de l'éloquence dans ce qu'il dit à ce sujet; mais ses opinions, toutes raisonnables qu'elles sont, auraient été mieux à leur place débitées du fauteuil de son cabinet que de la chaire de son église : à la vérité, ce qui est bien dans l'un ne peut être mal dans l'autre ; mais la chaire du prédicateur est consacrée à d'autres usages, et quoique, en visitant les spectacles, nous fassions peut-être une action aussi légitime et aussi innocente que de manger, quand nous entrons dans la maison de Dieu, c'est pour y recevoir des leçons plus importantes que celle de l'innocuité des représentations théâtrales.

LETTRE XXXVII.

Meurtre effroyable. — La Morgue. — Suicides. — Vanité. — Anecdote. — Influence de la Littérature moderne. — Aspect de la pauvreté différent en France et en Angleterre.

Nous venons d'éprouver la sensation la plus pénible par les détails horribles et dégoûtans qui nous ont été rapportés d'un meurtre, dont le récit prouve que nous vivons dans un monde rempli d'êtres incomparablement plus cruels que les féroces habitans des forêts. La victime était une malheureuse femme, encore très jeune, si l'on en peut juger par les restes mutilés qui ont été trouvés dans la Seine. Du reste, plusieurs jours se sont écoulés avant que, dans le nombre de personnes qui accouraient à la Morgue, pour voir ses membres défigurés, il s'en soit trouvé une qui ait cru reconnaître ses traits. A la fin la personne chez qui elle avait logé s'efforça de rattacher dans sa pensée les restes qu'elle voyait à ceux d'une locataire qu'elle avait perdue.

Elle parvint en effet à se convaincre de leur identité; mais les motifs sur lesquels elle fondait sa persuasion ne parurent nullement satisfaisans à l'autorité. Toutefois elle fit arrêter un homme qui avait vécu dans l'intimité de l'infortunée dont la disparution avait engagé cette femme à aller visiter la Morgue. L'homme avoua sur-le-champ son crime, sinon dans les paroles, du moins dans l'esprit du poète :

Mourons: de tant d'horreurs qu'un trépas me délivre ;
Est-ce un malheur si grand que de cesser de vivre ?
La mort, aux malheureux, ne cause point d'effroi ;
Je ne crains *pas* le nom que je laisse après moi.

La cruauté toute particulière avec laquelle le crime a été commis, et la manière audacieuse dont le coupable paraît braver la justice, empêcheront, à ce que l'on croit, que le jury ne déclare des *circonstances atténuantes*, comme il a coutume de le faire, afin que la peine de mort soit remplacée par celle des travaux forcés.

On est généralement convaincu que ce lâche assassin sera guillotiné, malgré la répugnance du gouvernement pour la peine capitale.

Les circonstances sont en effet hideuses sous tous les rapports, et d'autant plus qu'il s'y est mêlé ce que l'on appelle à tort une *tendre passion.* La fureur du cannibale qui tue son ennemi afin de pouvoir le manger, ressemble pour le moins autant à de la tendresse que ce genre d'affection.

Quand cette passion ne se compose que de ce qu'il y a de plus délicat dans l'amour, elle peut mériter l'épithète de tendre; mais nous avons depuis peu entendu parler de tant d'assassinats horribles et prémédités, qui tiraient leur origine de ce qu'il plaisait aux journaux d'appeler *une grande passion*, que la première idée que fait naître maintenant en moi une histoire d'amour, est qu'elle devra nécessairement se terminer par un meurtre épouvantable.

Y a-t-il dans un langage quelconque un mot qui fasse naître autant de sensations d'horreur que le nom de *la Morgue?* La haine, la vengeance et le meurtre sont terribles; mais la Morgue les surpasse tous par le pouvoir qu'elle possède de présenter à l'esprit en une seule syllabe tout ce qu'ont de plus effrayant le crime, la misère, le désespoir et la mort.

C'est à l'horrible Morgue que sont transportés tous les morts inconnus qui se découvrent dans Paris ou les environs. La Seine est le grand réceptacle qui reçoit en premier lieu les victimes du crime ou du désespoir; mais elles ne peuvent pas long-temps éluder la vigilance de la police parisienne. Un grand filet tendu en travers de la rivière, à Saint-Cloud, reçoit et retient tout ce que le courant entraîne; et tout ce qui, parmi les objets de cette affreuse pêche, offre la moindre trace d'une forme humaine, est journellement envoyé à la Morgue. Je dis JOURNELLEMENT, car il est rare que ses tristes niches demeurent vides pendant vingt-quatre heures. Huit, dix, douze corps arrivent souvent à la fois par la triste caravane des *filets de Saint-Cloud*. Je partage, à ce que je crois, avec la plupart des personnes, un désir extrême de voir tout ce qui se rattache directement ou indirectement aux sujets ou aux évènemens qui m'ont intéressée ; mais, chose étrange à dire ! l'influence de ce sentiment n'est jamais aussi forte que quand il se mêle à ce spectacle quelque chose d'horrible. C'est ce désir qui m'a, dans cette occasion, engagée à visiter cet asile de la mort, cet humble et solitaire toit placé au centre même de cette ville de Paris, si remuante, si vivante, si riante.

Quelque triste, quelque morne que soit une visite faite à un tombeau, elle ne saurait se comparer, pour l'horreur, à la sensation que l'on éprouve en passant le seuil de ce charnier.

Un tombeau nous porte à la contemplation du sort commun, inévitable, de tous les hommes ; mais ce lieu, où se rassemblent le péché et la mort, fait naître en nous des pensées qui rappellent tout ce qui outrage le plus cruellemennt la nature et viole le sanctuaire de la vie, animé par le souffle de Dieu. Mais j'étais fermement décidée à le visiter, et j'ai accompli mon dessein.

La Morgue est un petit édifice, bas, carré, soigneusement blanchi, et situé sur le quai de la Cité. Il est ouvert au public, et l'on frémit en songeant combien de cœurs y sont entrés pleins d'inquiétude et en sont ressortis livrés au désespoir.

En y entrant, je me trouvai dans un vestibule peu élevé et qui ne renfermait aucun objet quelconque. Si je ne me trompe, il y a une salle de chaque côté ; mais ce fut dans celle qui est à gauche que l'on me fit entrer, en même temps qu'une douzaine environ d'autres personnes. Je ne me rappelle pas précisément de quelle manière je parvins à l'endroit où les corps étaient visibles, mais je sais que je me trouvai placée devant une grande fenêtre (il y en avait trois) au travers des carreaux de laquelle je vis de fort près une rangée de brancards s'abaissant vers les spectateurs dans un angle qui permettait de voir distinctement la physionomie et tout le corps des personnes qui y étaient étendues.

De cette manière je vis les corps de quatre personnes rangées devant moi ; mais leur aspect n'avait rien qui ressemblât à la mort. Ils n'étaient pas non plus enflés ni défigurés, mais seulement décolorés au point de leur donner exactement l'apparence de statues de bronze.

Deux d'entre les quatre avaient évidemment été assassinés, car leurs têtes et leurs cous portaient des marques effrayantes de la violence dont ils avaient été les victimes. Le troisième était un très jeune garçon, dont la mort avait probablement été accidentelle; tandis que le quatrième paraissait, à n'en pouvoir douter, avoir commis un suicide. Jusque dans la mort ses traits offraient l'expression du désespoir qui seul pouvait l'avoir poussé à un pareil acte.

Il était midi passé quand nous entrâmes à la Morgue, mais aucun de ces corps n'avait encore été réclamé ou reconnu.

Ce spectacle m'engagea naturellement à faire des recherches sur le nombre de corps exposés ainsi tous les ans; sur celui des suicides qui en font partie, et sur les causes qui le plus communément donnent lieu à cette terrible catastrophe.

Je ne me permettrai point de répéter en chiffres le résultat des renseignemens que j'ai demandés, car je ne crois pas qu'ils aient été assez exacts pour cela; mais tels qu'ils sont ils suffiraient pour exciter à la fois l'horreur et l'étonnement, quand on songe au nombre extraordinaire de personnes qui périssent annuellement à Paris pour avoir porté sur eux-mêmes une main criminelle.

Il arrive souvent que les causes qui ont amené un acte de désespoir ont été consignées, par les suicides eux-mêmes, dans des écrits qu'ils ont laissés comme un testament à leurs concitoyens et au genre humain. Ce legs ne serait peut-être pas sans utilité pour les survivans, si ce n'est que, dans presque tous les cas, les motifs allégués ont été d'une nature si frivole et si méprisable qu'au lieu d'exciter l'horreur ils n'ont fait naître que le ridicule.

On ne saurait nier, d'après le témoignage de ces singuliers documens, que beaucoup de jeunes Français ne périssent tous les ans de cette façon criminelle et déplorable, sans aucun autre motif que l'espoir de faire parler d'eux après leur mort.

Si quelque exemple isolé de cette fausse vanité se montrait de loin à loin, on ne le trouverait pas extraordinaire, connaissant jusqu'à quel point cette passion frivole est capable d'égarer le jugement, et on l'attribuerait à une sorte de démence produite par un amour excessif de soi-même. Mais il fallait le témoignage posthume des personnes elles-mêmes pour pouvoir se persuader qu'il ne se passe presque pas de semaine où un pareil évènement n'arrive à Paris pour une semblable cause.

On m'assure que dans bien des cas les familles de ces jeunes fous ont eu assez de bon sens pour ne point exécuter les dernières volontés par lesquelles ils demandaient que les absurdes raisonnemens qui les avaient conduits à cet acte fussent publiés. Mais il n'arrive que trop souvent que le *Constitutionnel* et les autres journaux de la même couleur, remplissent leurs colonnes des raisons pour lesquelles ces pauvres insensés ont bravé la justice de leur Créateur, afin que leurs noms inconnus pussent retentir pendant vingt-quatre heures dans la bouche des Parisiens.

Il n'y a pas long-temps que deux jeunes gens, sortant à peine de l'enfance, entrèrent chez un restaurateur et commandèrent un dîner d'une délicatesse et d'un prix extraordinaires, et revinrent ensuite à l'heure convenue pour le consommer. Ils l'achevèrent du meilleur appétit et avec l'enjouement naturel à leur âge. Ils demandèrent du vin de Champagne et vidèrent la bouteille en se tenant par la main. Pas le plus léger mélange de tristesse de réflexion ne se mêla à leur gaieté, qui fut longue, bruyante et sans mélange. Après le dîner vint le café, l'eau-de-vie et le total. L'un d'entre eux montra du doigt à l'autre la somme, tous deux partirent à la fois d'un nouvel éclat de rire. Quand le café fut pris, ils dirent au garçon qu'ils désiraient parler au maître de l'établissement. Il monta sur-le-champ, croyant sans doute que l'on voulait se plaindre de quelque objet porté trop cher sur la carte.

Au lieu de cela le plus âgé des deux prit la parole, et commença par dire que le dîner avait été excellent; puis il ajouta que cette circonstance était d'autant plus heureuse, que ce dîner serait infailliblement le dernier qu'ils mangeraient de leur vie; quant au total, il fallait bien qu'il les dispensât de l'acquitter, attendu que ni l'un ni l'autre ne possédait un sou vaillant. Du reste, il ne se serait jamais permis de lui faire une si mauvaise plaisanterie, si ce n'était que, trouvant les peines et les soucis du monde trop indignes d'eux, ils avaient résolu de faire encore une fois dans leur vie un excellent repas, et de prendre ensuite à jamais congé de l'existence. La première partie de leur projet avait reçu sa pleine exécution, grâce à l'excellence de la cuisine et de la cave de monsieur le restaurateur, et la seconde ne tarderait pas, car le café et le petit verre avaient été mélangés avec une drogue qui leur aiderait à payer toutes leurs dettes.

Le restaurateur était furieux. Il n'ajoutait aucune foi à ce discours, et déclarait hautement qu'il les ferait conduire chez le commissaire de police. Il consentit pourtant à les laisser partir après qu'ils lui eurent donné leur adresse.

Le lendemain, poussé moitié par l'envie de se faire payer, et moitié par la crainte qu'ils n'eussent parlé sérieusement, il se rendit à l'adresse qu'ils lui avaient indiquée, et il y apprit que ces deux malheureux jeunes gens avaient été trouvés le matin couchés ensemble dans un lit, que l'un d'eux avait loué quelques semaines auparavant. Ils étaient tout-à-fait morts, et leurs corps déjà froids.

Sur une petite table dans la chambre, il y avait plusieurs papiers couverts d'écritures ; c'était partout l'expression du désir d'arriver à la renommée sans peine ni travaux, celle d'un parfait mépris pour tous ceux qui consentaient à gagner leur vie à la sueur de leur front, plusieurs citations de Victor Hugo, et la prière de publier dans les journaux leurs noms et le genre de leur trépas.

On cite une foule d'exemples de jeunes gens, se disant amis, qui se sont ainsi mutuellement encouragés à sortir de la vie, sinon aux applaudissemens du public, du moins avec un certain effet. Mais ce qui est bien plus fréquent encore, c'est de trouver des personnes de sexe différent mortes dans les bras l'une de l'autre, exécutant ainsi à la lettre le sort indiqué figurément dans la vieille chanson :

> Gai, gai, marions-nous,
> Mettons-nous dans la misère,
> Gai, gai, marions-nous,
> Mettons-nous la corde au cou.

J'ai entendu remarquer, par des personnes qui considèrent d'un œil philosophique les traits les plus frappans du siècle dans lequel elles vivent, que ce qu'il y a de plus malheureux en tout ceci, c'est l'endurcissement, l'indifférence et le mépris *gladiatoral* de la mort, que l'on enseigne, cultive et loue aujourd'hui comme étant le fondement et la perfection de toute sagesse et de toute vertu humaine.

Au lieu de la fermeté que donnent l'espérance et la résignation, ces malheureux sophistes cherchent le courage dans le désespoir, et la consolation dans la célébrité. Quand on possède cette clé de la philosophie du jour, il n'est pas difficile de lire son influence sur plus d'une de ces physionomies que l'on rencontre parcourant dans une oisiveté ennuyée les boulevarts ou les jardins de Paris. L'aspect de ces figures ne présente aucun rapport avec celles que nous ne voyons que trop souvent assises pâles, abattues, tristes, sur les bancs de nos parcs ou debout sous nos portiques et nos colonnades, attendant le moment où elles prendront assez de courage pour demander la charité. La faim et l'intempérance laissent souvent sur ces figures des traces dont la réunion excite à la fois la pitié et le dégoût. Je n'en ai point vu de semblables à Paris. Je ne sais s'il y en existe ; mais s'il y en a, les lieux qu'elles fréquentent sont bien éloignés des promenades publiques. Cependant, au lieu de ces hommes, il s'y trouve une autre race de malheureux qui semblent y vivre ; moins misérables peut-être par le défaut actuel de pain, mais évidemment aussi privés qu'eux d'occupation, de foyer et d'amis. Les traits de leur visage indiquent un état de l'ame bien différent, moins avili peut-être, mais bien plus perverti : c'est un œil hardi, égaré, qui cherche les regards au lieu de les éviter ; une audace, effet plutôt de l'indifférence que de la fermeté ; un sourire méprisant pour tous ceux qui, faisant pour un moment céder le dégoût à la curiosité, fixent leurs regards sur ces figures de vrais héros de mélodrames. Si j'étais roi ou ministre, je croirais devoir surveiller de près ces individus pittoresques à qui l'on pourrait dire, comme dans la tragédie :

Pour vous, Cassius, vous êtes maigre et vous avez l'air affamé. Vous réfléchissez trop. De pareils hommes sont dangereux.

La personne à qui je m'adressai pour obtenir des renseignemens sur la cause des fréquens suicides, me dit qu'il y a toute raison de croire que l'augmentation de ce crime, si remarquable depuis quelques années, doit être uniquement attribuée à ce que l'on appelle la littérature légère de l'époque, et qui selon moi n'a rien de léger.

L'absence totale de tout ce qui a le moindre rapport à des principes vertueux dans les actions des personnages que l'école décousue place dans ses drames et dans ses romans, tandis que le nom de religion en est irrévocablement banni, suffirait pour expliquer la dépravation complète de ceux qui font leur étude de pareils personnages et cherchent parmi eux leurs modèles. On ne cesse de se moquer d'eux, et cependant les pauvres malheureux ne cessent de croire qu'ils font une grande sensation; ils croient les yeux de l'Europe fixés sur des hommes qui naguère encore tiraient peut-être l'aiguille sur l'établi d'un tailleur, ou suivaient quelque autre profession tout aussi peu poétique. On pourrait leur appliquer avec une très légère variante les paroles de l'Ecclésiastique : « Ils maintiennent l'état de ce monde, et ils appliquent leur ame à *oublier* les ouvrages de leur art. »

LETTRE XXXVIII.

Le Cheval de Bronze.—La Marquise.— Perfection du jeu des acteurs dans les petites pièces.— Leur médiocrité dans la tragédie. — Liberté qu'ils prennent en jouant. — L'heure du dîner est une des causes qui nuisent aux spectacles.

Le Cheval de Bronze étant le *spectacle par excellence* cette année à l'Opéra-Comique, nous avons cru qu'en notre qualité de curieux nous ne pouvions nous dispenser d'y aller ; et maintenant que nous l'avons vu nous avouons tous que, pour la partie du spectacle et des décorations, il est d'une beauté aussi parfaite que le permet la petitesse de la salle. Du reste, quand au sortir du spectacle nous avons été réunis en comité secret, nous avons été obligés de convenir que le plaisir que nous y avions pris n'était pas très flatteur pour nos faculté intellectuelles.

Je ne sais réellement pas comment il se fait que l'on peut demeurer immobile, pendant trois heures entières, non seulement sans murmurer, mais encore avec une véritable satisfaction, et ne faisant autre chose que tenir les yeux fixés sur une quantité d'objets ornés de clinquant et entourés d'une foule insignifiante circulant sans cesse au milieu d'eux. Et pourtant il est vrai que de la gaze bleue et blanche artistement arrangée et éclairée par la lumière magique de feux de Bengale, qui de tous les jouets modernes sont sans contredit les plus jolis, nous ont fait crier à chaque nouvelle manœuvre du décorateur: « C'est beau! c'est magnifique! » avec autant de plaisir qu'un enfant de cinq ans qui voit une représentation de Polichinelle plus soignée qu'à l'ordinaire.

La musique de M. Auber est assez jolie, mais il a fait mieux que cela autrefois, et la méthode détestable de tous les principaux chanteurs, m'a fait regretter que l'excellent orchestre n'ait pas été seul chargé de la musique.

Madame Casimir a eu et possède même encore une voix belle et forte, mais la dernière paysanne allemande qui taille sa vigne en chantant ses airs nationaux, serait en état de lui donner une leçon de goût qui vaudrait mieux que tout ce que la science lui a enseigné.

Je serais tentée, si je pouvais le faire sans que ma conscience me fît le reproche d'exagérer, je serais tentée, dis-je, d'indiquer miss Stephens et madame Casimir comme des modèles nationaux du chant anglais et français. Elles le sont, quoique j'avoue que l'excès d'ornemens dont madame Casimir surcharge ses airs est aussi éloigné de la manière ordinaire de la France, que la chaste simplicité des accens de notre sirène l'est de celle de l'Angleterre, mais il n'en est pas moins vrai que l'une des deux est essentiellement Anglaise, comme l'autre est éminemment Française.

On nous a dit que le directeur de nos théâtres de Londres est venu à Paris pour voir ce beau papillon chinois, afin de nous en offrir une imitation. Si cela est exact, M. Bunn retirera un grand avantage de l'étendue de ses théâtres, celui de l'Opéra-Comique n'étant pas assez vaste pour que les tableaux à la fois riches et gracieux qu'offre cette pièce fassent tout l'effet qu'ils devraient. Mais d'un autre côté, je doute qu'il trouve une actrice aussi piquante que la jolie mademoiselle Fargueil qui, dans le dernier acte de la pièce, raconte à la princesse enchantée, sa maîtresse, que ses agaceries n'ont point réussi à retenir la jeune femme qui s'était risquée dans la région magique. Et quand même il en trouverait une, je doute bien plus encore qu'elle fût accueillie avec autant d'applaudissemens.

Cette brillante bagatelle avait été précédée d'une petite pièce intitulée *la Marquise*. Son mérite n'est pas fort transcendant, mais elle offre un modèle, d'après lequel on peut se former une idée assez juste de ces agréables nationalités françaises. C'est une petite pièce naturelle, facile, gaie, que vous pouvez écouter en riant et en sympathisant avec les acteurs autant qu'avec leurs rôles, jusqu'à ce que le plaisir vous ait fait oublier qu'il existe dans le monde de la douleur et de la souffrance.

Le jeu des acteurs qui se consacrent à ce genre est si parfait, que la tâche de l'auteur paraît en quelque sorte se réduire à rien. Ce n'est pas seulement à un théâtre, mais à tous que nous avons remarqué la perfection extraordinaire à laquelle on a poussé le jeu de ce genre de drames. D'un autre côté je ne sais si la muse de la tragédie est aujourd'hui mieux traitée en Angleterre qu'en France. Peut-être cependant, à tout prendre, avons-nous quelque avantage sous ce rapport, car si la volonté d'une femme, d'une part, et le vaste océan de l'autre, nous ont privés de mistress Bartley et de Fanny, qui à elles deux auraient pu rendre tout son ancien éclat à notre scène, nous avons encore un Charles Kemble et un Macready, tandis que les Français n'ont personne pour remplacer Talma.

Je suis à la vérité convaincue que mademoiselle Mars lirait Corneille et Racine aussi admirablement que mistress Siddons lisait Shakspeare, et que de même que notre grande magicienne, elle saurait donner à chaque rôle un sens encore inconnu. Je me rappelle qu'un jour je suis revenue d'une des lectures de mistress Siddons, pleine du désir le plus ardent de lui voir jouer le rôle de Hamlet, et qu'une autre fois, je me suis sentie persuadée qu'il aurait fallu arranger la scène des sorcières de façon qu'elle pût à elle seule en débiter tous les vers.

De même, si j'entendais mademoiselle Mars lire Corneille, j'insisterais pour qu'elle jouât le rôle de Rodrigue, et si c'était Racine je ferais choix, pour son début, de celui d'Oreste. En attendant, comme, avec toute l'admirable variété garrickienne de son talent, il serait impossible qu'elle jouât à elle seule tous les rôles dans toutes les pièces, il faut nécessairement que la tragédie se repose un peu en France, aussi bien qu'en Angleterre.

Pendant cet interrègne, il est heureux pour les Français, qui aiment tant à s'amuser, qu'ils aient un fonds de comédiens de tout âge qui ne leur manquera jamais; car la nation tout entière semble douée d'un talent qui lui permettrait en cas de besoin de suppléer elle-même à ce qui manquerait à la troupe.

Il est rare que je rentre chez moi d'une représentation de ce genre, sans essayer d'analyser en quelque genre le charme qui m'a si fort entraînée. Mais dans la plupart des cas, ce charme est trop léger, trop subtil, pour être saisi par la réflexion. Je vous proteste que je suis souvent tentée de rougir du plaisir que me fait... je ne sais quoi. Un sourire enjoué, un regard expressif, un accent comique, ajoutent à l'effet de paroles, qui par elles-mêmes ne sont ni plus sensées ni plus spirituelles que la plupart de celles que l'on entend ici dans la conversation ordinaire. Mais tout est si bien entendu, depuis le *père noble*, jusqu'aux moucheurs de chandelles, tout est si parfaitement monté, les pièces conviennent si bien aux acteurs, et les acteurs aux pièces, que rien de ce qui ressemble à une bévue ou à une gaucherie ne vient troubler le plaisir ou l'admiration que vous éprouvez.

On conçoit que la composition de ces jolies bagatelles ne saurait offrir une bien grande difficulté, ce qui est évident d'après la succession perpétuelle de nouveautés en ce genre qu'offrent tous les théâtres. On peut croire que l'action même de cette composition doit devenir une source d'amusement pour ce peuple si gai et si spirituel. L'auteur examine ce qui se passe autour de lui, saisit quelque scène piquante ou quelque *bévue* risible, ce qui apparemment n'est pas une tâche fort difficile: le fil le plus léger suffit pour réunir les légers matériaux dont se compose l'intrigue, après quoi il s'agit de baptiser le nombre nécessaire des personnages, jeunes et vieux, aimables et ridicules. Cette liste une fois formée et le plan arrangé, il me semble que je vois l'auteur se délectant à mettre dans la bouche de chaque personnage, toutes les spirituelles impertinences que sa féconde imagination lui suggère. Ajoutez à cela une touche de sensibilité, par-ci par-là, puis un couplet sur la gloire nationale, et la petite pièce est prête à être jouée.

La fabrique en est, sans contredit, fort légère, et le succès dépend plus de l'intrépide *laisser-aller* de l'auteur et de l'acteur, que de l'esprit qui brille dans le dialogue.

La grâce rougissante du bon vieux temps, que le roi Salomon aimait si fort, est aussi un peu trop sacrifiée par les actrices, sans doute par la crainte de nuire à l'éclat et à la vivacité de leur jeu. Mais je crois que ces dames calculent mal le prix des avantages auxquels elles renoncent; mademoiselle Mars pourrait au besoin leur apprendre que la délicatesse et la vivacité ne sont point inséparables, et quoique j'avoue qu'il serait déraisonnable d'exiger que toutes les actrices de vaudevilles de Paris ressemblassent à mademoiselle Mars, je ne puis m'empêcher de penser que, dans une ville où la manière de jouer la comédie est depuis tant d'années regardée comme le type de la perfection, il doit être inutile de chercher à plaire par des moyens qui y sont si directement contraires.

Le jeu des acteurs est facilité ici, dans la comédie, par une liberté qu'à Londres on leur accorde aussi quelquefois, mais peu souvent. Pour réussir et même pour être supportée, elle exige que les spectateurs soient de très bonne humeur, et sympathisent franchement avec ce qui se passe sur la scène. Par cette liberté j'entends l'espèce de plaisir que les acteurs paraissent eux-mêmes prendre à jouer leurs rôles. Je n'ai de ma vie vu des personnes qui s'amusassent mieux, et qui fissent moins de façons pour montrer leur plaisir, que les acteurs qui jouèrent il y a quelque jours aux Français dans *les Précieuses Ridicules*. Dans cette occasion je crois réellement que l'exécution a gagné par la liberté qu'ils ont prise, et en voici la raison : la scène représente un groupe de personnages, dont les uns doivent nécessairement être fort contens de la mystification qu'ils font aux autres. Mais cela n'empêche pas que je n'aie ressenti par moment un peu de *roideur anglaise*, en voyant sur le théâtre un air de gaieté et de badinage qui paraissait avoir pour but d'amuser autant les acteurs que le public. Cependant, quoique l'exemple que je viens de citer se soit présenté au Théâtre-Français, ce n'est pas là que l'on peut craindre de voir porter ce défaut à un excès choquant. Les petits spectacles feraient bien, en beaucoup de cas, de copier l'étiquette et la décence qui, sous tous les rapports, règnent au grand théâtre national. Mais c'est peut-être trop exiger que de le leur demander, et d'ailleurs on pourrait nous dire avec assez de justice de commencer par nous corriger nous-mêmes.

Les théâtres, et surtout les petits, me paraissent encore très fréquentés; mais j'ai entendu faire à Paris les mêmes observations qu'à Londres, sur la diminution du goût pour les représentations théâtrales dans les classes élevées; je crois qu'elle provient de la même cause dans les deux pays ; c'est-à-dire de l'heure du dîner, qui fait que pour aller au spectacle il faut nécessairement déranger toutes ses habitudes. L'Opéra, qui commence plus tard, est toujours plein, et si ce n'était que j'ai vécu trop long-temps dans le monde pour m'étonner des caprices de la mode, quels qu'ils soient, j'aurais vraiment de la peine à me rendre compte comment un peuple aussi gai que le sont les Français puisse aller tous les soirs à un spectacle si parfaitement ennuyeux.

Le seul peuple que j'aie encore rencontré qui s'amusât au spectacle d'une manière rationnelle, sans se priver de ce qui lui était agréable, ou souffrir ce qui ne l'était pas pour obéir à la mode, est le peuple allemand. Son amour vrai et universel pour la musique fait que son délicieux Opéra est pour lui une des premières nécessités de la vie, et je suis convaincue qu'il faudra que les Allemands changent complètement de nature, avant de permettre qu'une sotte élégance de convention, à laquelle certaines personnes croient devoir se soumettre, leur fasse abandonner la musique pour avoir le plaisir de dîner tard.

Je croyais autrefois le théâtre aussi cher aux Français que la musique l'est aux Allemands; mais ce qui n'est qu'un goût en France, devient, par suite du caractère national, dans un peuple dont la fibre est plus forte, une passion en Allemagne; et il est plus facile de renoncer à un goût que de vaincre une passion.

Peut-être aussi qu'en Angleterre comme en France, s'il arrivait que quelque grand talent parût sur l'horizon théâtral, Paris et Londres se soumettraient à la honte de dîner à cinq heures pour aller l'admirer; mais l'usage de dîner tard et les mauvais acteurs se sont réunis pour faire tomber, dans les deux pays, le théâtre au rang des amusemens plus populaires que distingués.

LETTRE XXXIX.

L'abbé de La Mennais. — Sa mise négligée. — Aisance de ses manières. — Ses écrits ont du rapport avec ceux de Cobbett. — Changement de ses opinions. — Les Républicains français et O'Connell.

J'ai eu hier au soir la satisfaction de voir l'abbé de La Mennais à une soirée. C'était chez madame Benjamin Constant, dont les salons sont si célèbres par les talens de tout genre qui s'y réunissent, ainsi que par les qualités aimables et brillantes de la maîtresse de la maison.

Quant à son extérieur, cet homme célèbre rappelle un dessin original que je me souviens d'avoir vu, et qui représentait Jean-Jacques Rousseau. Il est de fort petite taille et fluet en proportion; sa physionomie est très frappante, et indique bien l'habitude des méditations à laquelle il se livre; mais son œil enfoncé a, dans la rapidité du regard qu'il lance, un air qui ressemble à de l'égarement; son costume était noir, mais offrait plutôt de la négligence républicaine que de la dignité sacerdotale, et la petite cravate à carreaux qui entourait son cou délié, annonçait en lui un homme qui ne se conforme ni aux modes du jour, ni aux costumes ordinaires des salons.

Il avait dîné chez madame Constant avec quatre ou cinq autres personnes remarquables; nous le trouvâmes enfoncé dans une bergère qui cachait presque entièrement sa petite personne, et entouré d'un groupe d'hommes avec lesquels il causait, en mettant dans ses discours beaucoup d'ardeur et d'animation. Il avait d'un côté M. de Jouy, l'ermite de la Chaussée-d'Antin, et de l'autre un député très connu sur les bancs du côté gauche.

J'étais placé directement en face de lui, et je puis certifier qu'il m'est arrivé rarement de contempler le jeu d'une physionomie plus animée. Dans le cours de la soirée, il me fut présenté. Ses manières sont fort distinguées, sans aucune roideur ou réserve; rien qui sente, soit le campagnard, soit l'homme d'église, ne vient gêner leur aisance et leur vivacité. Il plaça sur-le-champ une chaise en face du sofa sur lequel j'étais assise, et continua de cette manière, le dos tourné au reste de la société, à causer fort agréablement, jusqu'à ce qu'un grand nombre de personnes, parmi lesquelles il y avait plusieurs dames, se rassemblassent autour de lui; de sorte que, gêné sans doute de se voir assis, pendant qu'elles étaient debout, il se leva, fit un salut, et retourna à sa bergère.

Il me dit qu'il ne voulait pas rester long-temps à Paris, où il fréquentait trop la société pour pouvoir travailler; qu'il allait en conséquence retourner dans la profonde retraite de sa patrie bretonne, pour y achever l'ouvrage dont il s'occupait. Je ne sais si l'ouvrage dont il m'a parlé est la défense des *prévenus d'avril* qu'il a menacé de fulminer, sous la forme d'une brochure, contre ceux qui ne lui ont pas permis de la présenter verbalement devant la cour; mais si jamais il publie cette pièce, on assure qu'elle sera d'une éloquence véhémente.

Les ouvrages de l'abbé de La Mennais me rappellent singulièrement ceux de Cobbett, mais ce n'est ni par les matières qu'il traite, ni par la forme dont il les couvre, mais par l'effet qu'ils produisent sur l'esprit. Si la plume de l'un ou de l'autre avait été exclusivement consacrée à la défense d'une bonne cause, leurs écrits auraient été inappréciables pour la société, car ils possèdent tous deux l'étonnante faculté de fixer l'attention, et d'entraîner presque le jugement du lecteur, même quand ils traitent des sujets où ils ne sont nullement d'accord avec lui.

S'il n'y avait pas dans l'histoire littéraire de l'un comme de l'autre des circonstances qui ne permettent pas de se livrer à cette idée, je croirais que ce pouvoir ou ce charme que je trouve dans leurs écrits provient de la bonne foi avec laquelle ils soutiennent leurs opinions; mais comme l'abbé de La Mennais et feu M. Cobbett ont montré tous deux que leur foi dans leurs propres opinions n'était pas assez ferme pour les empêcher d'en changer, il faut en conclure que la force qui distingue leur éloquence n'est pas le résultat de la sincérité.

J'entendais un jour un jeune et spirituel avocat déclarer qu'il aimerait mieux soutenir une thèse opposée que conforme à sa conviction, et je suis bien assurée qu'il était sincère en parlant ainsi. C'est comme s'il m'eût dit qu'il préférait tuer du gibier à la chasse plutôt que de couper le cou à un poulet. La difficulté faisait le plaisir. En attendant, on ne saurait croire que les deux auteurs que j'ai si étrangement accouplés aient agi d'après le même principe; et quand cela serait, ils n'en auraient pas moins changé d'opinion, à moins que l'on ne voulût supposer que leur but était de s'amuser eux-mêmes et le public, en soutenant alternativement le pour et le contre, seulement pour faire preuve de la flexibilité de leur talent.

Quant aux vrais principes de M. Cobbett, je crois que c'est là une énigme dont le mot ne sera jamais connu, à moins que nous n'adoptions la solution la plus facile et la plus intelligible, et que nous ne disions qu'il n'en avait pas du tout. Mais il n'en est pas de même de M. de La Mennais. Il n'est pas possible de douter que, dans ses premiers écrits, il n'ait été parfaitement sincère. On y sent une ardeur de foi qu'une flamme factice ne pourrait inspirer; et d'un autre côté il n'est pas probable qu'il se fût volontairement précipité de la hauteur à laquelle il s'était placé dans l'opinion de toutes les personnes qu'il estimait le plus, s'il n'avait pas cru voir la vérité au fond de l'abîme d'hérésie et de schisme où il s'est jeté selon tous les bons catholiques.

En attendant, c'est, selon toute apparence, le républicanisme auquel il s'est accroché dans sa chute qui lui a fait le plus de tort dans l'estime du monde. Il y a quelques années les principes libéraux étaient soutenus par les hommes les plus habiles de l'Europe; mais les excès déraisonnables dans lesquels les plus avancés de ce parti sont tombés, ont engagé la portion la plus respectable du genre humain, quelles que soient d'ailleurs leurs opinions théoriques, à se rallier autour de tout ce qui porte le sceau de l'ordre et de l'autorité légale. Il serait difficile d'imaginer une époque moins favorable que celle-ci pour commencer à faire le républicain et l'esprit fort; car mettant de côté les vues d'intérêt personnel par lesquelles on peut être poussé, il faut convenir que le moment n'est pas propice pour une pareille résolution. Tandis que les doctrines des républicains n'existaient qu'en théorie, elles pouvaient séduire bien des gens doués de plus d'imagination que de jugement, mais surtout ignorans; mais nous avons été témoins de tant de malheurs déplorables, toutes les fois que cette théorie a été mise en pratique, que je suis convaincue qu'aujourd'hui les hommes sages de tous les pays regardent ce projet comme aussi inexécutable que le serait celui de former une colonie dans la lune.

Il est incontestable que l'abbé de La Mennais n'est plus considéré en France comme un homme aussi remarquable qu'il l'était autrefois; et comme il est facile, en lisant ses ouvrages, de suivre sa marche régulièrement descendante, depuis la pureté du prêtre catholique plein de dignité et d'enthousiasme, jusqu'à celle de sceptique embarrassé et de factieux démagogue, je ne serais pas fort surprise d'apprendre que le même homme, auquel naguère on destinait à Rome le chapeau de cardinal, eût été vu portant dans les rues un drapeau rouge, et chantant *Ça ira !* à gorge déployée.

M. de La Mennais, d'accord en cela avec plusieurs républicains que j'ai eu occasion de voir depuis que je suis à Paris, paraît convaincu que l'Angleterre est en ce moment complètement soumise aux ordres souverains de M. Daniel O'Connell. Il m'a parlé de lui du ton de la plus profonde admiration et du plus grand respect, et m'a renvoyée aux journaux anglais en témoignage de l'amour et de la haute vénération que l'on éprouve pour lui dans toute la Grande-Bretagne.

J'avouerai que cette supposition excita mon courroux ; mais je réprimai ce sentiment et je lui dis avec la plus grande douceur que sans doute il n'avait vu que cette partie de la presse anglaise qui appartenait à la faction de Daniel ; et que pour ce qui me regardait, je croyais que Guillaume IV était toujours roi de la Grande-Bretagne, qu'il gouvernait avec l'aide de ses lords et de ses communes.

Il y a peu de jours, je rencontrai un autre politique de la même école, qui alla plus loin encore; car il me complimenta avec la plus étrange gravité sur l'espoir de délivrance que la vertu du grand O'Connell offrait à mon pays. Ce jour-là j'étais de fort bonne humeur, de sorte que je me mis à rire franchement de cette absurde idée. D'ailleurs je n'eus pas la peine de répondre à ce *propagandiste* si éclairé; un doctrinaire avec qui je me trouvais m'en épargna la peine.

« O'Connel est le Napoléon de l'Angleterre, » dit le républicain.

— « Puisque vous voulez absolument le comparer à un Français, répondit le doctrinaire, ne feriez-vous pas mieux de l'appeler le Robespierre de l'Irlande? »

— « Il a déjà sauvé l'Irlande, reprit gravement le républicain; *et maintenant il a pris l'Angleterre sous sa protection.* »

— « Et je pense que l'Angleterre ne tardera pas à le prendre sous la sienne, continua mon ami en riant. Jusqu'à présent il paraît que le pays ne l'a pas jugé digne d'être fouetté; *mais quand un chien est méchant, ne fût-ce qu'un vilain petit hargneux, il doit être lié ou bien pendu.* »

Après avoir prononcé cette sentence du ton d'un oracle, le doctrinaire prit une grande prise de tabac et se mit à parler d'autres choses.

LETTRE XL.

Quel est le parti qui jouit de la plus grande considération en France. — Les Carlistes, les Légitimistes, les Doctrinaires, et les Républicains. — Tout vaut mieux que la République.

———

Je me suis donné assez de peine pour découvrir, par les moyens qui se sont trouvés à ma portée, laquelle d'entre les différentes opinions politiques qui se partagent la France, jouit de la considération la plus générale.

On sait que si l'on demandait à tous les habitans d'une ville, lequel d'entre leurs concitoyens ils regardent comme le plus capable de remplir une place honorable ou lucrative, chacun d'eux répondrait probablement : « Moi-même ! » On sait encore que si, après l'aveu de cette partialité fort naturelle, on leur demandait encore quel serait le plus capable, à défaut d'eux-mêmes, et si une grande majorité de voix se réunissaient sur le même citoyen, celui-là serait probablement considéré, avec raison, par le spectateur impartial, comme étant en réalité l'homme le plus propre à l'emploi vacant. En jugeant d'après cette règle, le gouvernement qui convient le mieux à la France n'est ni républicain, ni militaire, ni doctrinaire; mais c'est le gouvernement monarchique, légitime et constitutionnel.

Quand des hommes occupent des places qui donnent à la fois la puissance et la richesse, ils obtiennent nécessairement aussi de la considération. Il est par conséquent naturel, inévitable, que les ministres et leurs amis s'enorgueillissent des dignités et du pouvoir auxquels ils ont su parvenir. Mais si, détournant nos regards des hommes en place, nous cherchons dans le nombre de ceux qui ne possèdent ni honneurs ni puissance, s'il s'en trouve qui jouissent du respect et des hommages universels, je dirai, sans crainte de me tromper, que c'est parmi les légitimistes qu'on les rencontrera.

Les doctrinaires triomphans ne se permettent contre eux aucune plaisanterie, aucun bon mot. Les caricatures qui garnissent les carreaux des marchands d'estampes, ne s'adressent ni à ce qu'ils sont ni à ce qu'ils ont été.

Les républicains ne parlent jamais d'eux, ni avec colère ni avec mépris. Toute leur fureur est dirigée contre le pouvoir actuel des heureux doctrinaires. Ceci, à dire vrai, est strictement conforme au principe sur lequel leur secte est fondée : savoir, que tout ce qui existe doit être renversé. Mais ni sérieusement, ni en plaisantant, ils ne montrent d'hostilité envers Charles X ou sa famille. Les murs des maisons de Paris, qui depuis près d'un demi-siècle ont été les confidens de leurs spirituelles saillies, ne présentent rien qui attaque cette cause, soit sous la forme d'hiéroglyphe, de caricature ou de satire.

J'ai mainte fois prêté l'oreille à des plaisanteries, tantôt gaies, tantôt amères, à des raisonnemens justes ou absurdes, pour ou contre les différentes doctrines qui divisent aujourd'hui le pays; mais jamais je n'ai entendu proférer ni injure, ni épigramme contre la famille exilée.

Une sorte de silence sacré semble envelopper ce sujet, et quand par hasard la conversation s'en empare, ce n'est jamais dans un esprit d'hostilité.

« Henri ! » ce nom se retrouve tracé sur tous les murs de Paris sans note ou commentaire, et je n'en excepte pas les Tuileries eux-mêmes. Non loin du collége de Henri IV, où les jeunes princes d'Orléans font encore leurs études, se lisait il n'y a pas long-temps cette phrase bien intelligible : *Pour aller à Bordeaux il faut passer par Orléans.* En un mot, tous les sentimens d'irritation et de colère qui ont pu exister en 1830, et qui ont produit les scènes dont le résultat a été l'exil de la famille royale, se sont depuis complètement calmés.

Il ne faut pourtant pas conclure de là que la majorité des Français soit disposée à risquer son précieux repos pour les rétablir sur le trône. Je suis convaincue que si une pareille tentative se faisait en ce moment-ci elle échouerait, non pas par aversion pour le monarque légitime, ou par amour pour le parent qui s'est mis à sa place, mais uniquement par le désir qu'ils ont de jouir en paix de leurs spéculations lucratives à la Bourse, de leurs florissans restaurateurs, de leurs boutiques prospères et même de leurs tables, de leurs chaises, de leurs lits et de leurs cafetières.

Mais le sentiment qu'inspirent les républicains est d'une nature bien différente. Jamais Napoléon, aux jours de son pouvoir le plus absolu, ni les descendans de saint Louis, dans le temps de leur plus grande gloire, ne ressentirent autant d'horreur pour cette race inquiète et factieuse que ne le font aujourd'hui les doctrinaires. Ce n'est pas qu'ils les craignent, ils n'ont pour cela aucune cause réelle, mais ils éprouvent pour eux un mélange de haine et de mépris qui semble ne reposer jamais, et s'ils ne le tempèrent pas par la sagesse et la modération, il pourra éventuellement donner lieu à de nouvelles barricades, que toutefois les gardes nationaux sauront bien, je pense, facilement renverser.

C'est contre cette clique abhorrée que s'exhale surtout la gaieté parisienne, quoiqu'il faille avouer pourtant que les doctrinaires ne laissent pas que d'y être en butte à leur tour. C'est une remarque que j'ai entendu faire par un garde national pendant que nous regardions ensemble quelques caricatures. Mais, à dire vrai, les républicains paraissent vouloir, par principes, jouer le rôle de victimes et de martyrs des goûts satiriques de leurs compatriotes. Arlequin n'est pas plus fidèle à son habit bigarré que les républicains de Paris ne le sont à leur grotesque costume. C'est, je pense, pour faire preuve de courage qu'ils se montrent ainsi partout enseignes déployées; mais l'effet n'en est pas moins bizarre. Les détails symboliques de leurs vêtemens sont classés et lithographiés avec beaucoup de gaieté.

On entend aussi en grand nombre des plaisanteries sur les personnes de l'empire; et quand elles s'attaquent à Louis-Philippe lui-même, on dirait que les caricaturistes sont animés du même enthousiasme avec lequel Garrick disait jadis :

« C'est pour mon roi, morbleu ! Je ferai de mon mieux ! »

Ce que je trouve de plus extraordinaire, dans

toutes ces caricatures de murs et de boutiques; ce sont les libertés que l'on prend avec les personnes qui ont le pouvoir de les empêcher. Le principe de la législation sur ce point paraît être, avec une légère variante, celui de l'ancienne ballade.

« Les pensées, les paroles et les actes sont blâmés avec
« raison par le Code ; mais certes une *plaisanterie* n'a ja-
« mais passé pour de la sédition. »

En parlant des partis dans lesquels la France se partage, les trois grandes divisions de carlistes, de doctrinaires et de républicains, se présentent naturellement les premières à l'esprit, et paraissent, surtout aux yeux des étrangers, renfermer la nation tout entière ; mais il suffit de passer un ou deux mois dans la société de Paris, pour se convaincre qu'il y a bien des personnes qui ne peuvent, à vrai dire, rentrer dans aucune de ces classes.

En premier lieu, ce n'est pas dans le parti carliste seul qu'il faut chercher ceux qui ne veulent pas que l'on traite une couronne comme un soulier qui, lorsqu'il blesse la personne pour qui il a été fait, se passe au premier venu qui veut bien le payer. Le parti carliste, proprement dit, demande la restauration du roi Charles X, descendant immédiat et représentant de l'antique race de ses rois; prince couronné et sacré roi de France, ce qui, tant qu'il vivra, fera que le couronnement et le sacre de tout autre prince deviendrait un acte sacrilége. C'est pour cela aussi que le roi Louis-Philippe n'a point été *sacré;* l'huile sainte ne l'a point encore fait roi de France, quoique je ne prétende pas dire qu'il ne le deviendra pas un jour. Henri IV, dit-on, s'écria sous les murs de la capitale : « *Paris vaut bien une messe!* » et il est probable que Louis-Philippe pense comme lui. Jusqu'à présent pourtant il n'a pu faire célébrer son sacre que militairement. Les formes civiles et religieuses lui sont également interdites. Les *carlistes* sont donc ceux-là seulement qui rigoureusement ne veulent d'aucun autre roi que du véritable. Les légitimistes forment, je crois, un parti beaucoup plus considérable. Aussi strictement attachés au trône et au principe de la succession régulière et légitime que le sont les carlistes, ils comprennent toutefois que les circonstances peuvent nonseulement autoriser, mais encore obliger le pays à accepter ou plutôt à permettre l'abdication du souverain. Le roi ayant quitté le pays, cet exil volontaire est dans le petit nombre de causes qui peuvent justifier cette mesure ; en conséquence l'abdication de Charles X devient pour lui une sorte de mort civile, en sa qualité de souverain. Mais, quoiqu'ils accordent cela, il ne s'ensuit point selon eux qu'une partie quelconque de la nation ait le droit d'offrir la couronne à qui elle veut. La loi de la succession, disent-ils, ne doit point être violée, parce que le roi a fui devant une insurrection populaire; du moment où il a abdiqué, son plus proche héritier est nécessairement devenu roi. Toutefois cet héritier, ayant jugé convenable de suivre l'exemple de son père, il est mort aussi pour la couronne, et c'est l'héritier de celui-ci qui doit succéder; or cet héritier est encore mineur, et son absence ne peut point être considérée de sa part comme un acte volontaire. Ainsi, d'après le raisonnement de ceux qui croient que le roi et le dauphin ont, en abdiquant, fait un acte qui rentrait dans leur droit et que la nation ne pouvait point annuler, Henri, le fils du duc de Berry, est devenu indubitablement roi de France, sous le nom de Henri V.

Dans ce parti toutefois il y a beaucoup de personnes, et j'ai lieu de croire que leur nombre augmente, qui, ayant accordé au monarque couronné et sacré le droit d'abdiquer, ne répugnent pas à faire un pas de plus, si par là ils peuvent assurer la paix de leur pays, et, regardant l'enfance de l'héritier légitime comme un motif d'exclusion, de reconnaître Louis-Philippe, héritier de celui-ci, comme roi de droit aussi bien que de fait.

C'est ce parti qui, selon moi, a les meilleurs argumens à offrir à l'appui de ses opinions. Soit qu'il sente qu'une certaine éloquence est nécessaire pour les faire adopter, soit que la conviction de la justice lui fasse un besoin d'épancher son cœur, il est du moins certain que le parti du *parce que* est celui que j'ai toujours trouvé le plus disposé à se livrer à des discussions sur la politique. Et à dire la vérité, il y a beaucoup à alléguer en sa faveur, du moins sous le rapport de *l'utilité*.

Je regrette souvent qu'en vous écrivant je sois obligée de consacrer une si grande partie de mes lettres à la politique. Mais en cherchant à vous faire connaître Paris, tel qu'il est actuellement, cela devient absolument inévitable. Si je voulais bannir complètement ce sujet de ma correspondance, il faudrait que je m'efforçasse d'oublier tout ce que j'ai vu et tout ce que je vois. Partout où vous allez, quoi que vous fassiez, qui que ce soit à qui vous parliez, il n'est pas en votre pouvoir d'y échapper. Remarquez bien pourtant que si j'exprime ce regret, c'est uniquement à cause de vous, et en aucune façon pour ce qui me regarde. Quelque ennuyeux que puissent être les détails que je vous donne, la chose par elle-même, une fois que vous vous trouvez dans le tourbillon, est extrêmement amusante.

Dans les premiers momens de mon arrivée, j'étais singulièrement embarrassée de voir qu'aussitôt que j'avais noté un renseignement comme indubitable; la première personne m'assurait qu'il ne pouvait me servir à rien, attendu que la personne de qui je l'avais reçu m'avait sciemment trompée.

Mais ces temps sont passés pour moi, et quoique je m'amuse beaucoup des divers renseignemens que je reçois, j'accorde très rarement ma confiance. J'écoute les carlistes, les henriquinquistes, les philippistes, avec une grande attention et un véritable intérêt, mais sans me décider en faveur des uns ou des autres.

A vrai dire, si vous saviez tout ce qui m'arrive, au lieu de me blâmer de trop parler politique, vous me rendriez grâce du soin que je prends et des peines que je me donne pour faire, à votre profit, de tout ce que j'entends dire, un résumé qui renferme le moins de contradictions possible. En vérité, cela n'est point chose facile, non seulement à cause des renseignemens contradictoires qui me sont donnés, que par suite de certaine faiblesse inhérente à mon caractère, qui me jette parfois dans un pénible doute de ce qui est réellement juste ou injuste,

En arrivant à Paris, j'étais une légitimiste *quand même*, prête à m'armer de pied en cap contre quiconque se permettrait de douter qu'un roi, une fois roi, pût jamais cesser de l'être; qu'une fois couronné conformément à la loi, il pût jamais être découronné par la populace, ou que le fils aîné d'un homme ne fût pas son héritier légitime.

Mais, oh! ces doctrinaires! Ils ont une manière si singulière de me prouver, que s'ils n'ont pas tout-à-fait raison, les autres ont du moins beaucoup plus grand tort qu'eux; ils parlent avec cela si joliment de l'Angleterre, de *notre* révolution, de notre glorieuse constitution, des malheurs de l'anarchie, et de l'avantage qu'il y a à laisser les choses aller tranquillement comme elles vont, qu'ainsi que je viens de vous le dire, je commence à ne plus savoir distinguer ce qui est juste de ce qui ne l'est pas.

Il y a toutefois un point sur lequel nous sommes parfaitement d'accord, et c'est peut-être là ce qui m'a le plus adoucie à l'égard des doctrinaires; c'est qu'ils frémissent au seul nom d'une république. Ce n'est pas parce qu'ils ont un roi pour chef de leur parti, mais c'est évidemment le résultat de l'expérience qu'eux et leurs pères ont faite, par la terrible épreuve déjà une fois tentée dans leur patrie.

« Vous ne connaîtrez tout le prix de votre constitution, que quand vous l'aurez perdue, » me dit l'autre jour un doctrinaire, dans le salon de la belle princesse de B***, jadis propagandiste zélée, et maintenant dévouée aux doctrinaires. « Vous ne saurez combien elle agit d'une manière favorable sur le bonheur de toute votre existence que quand M. O'Connell aura trouvé moyen d'arranger pour vous une république. Quand vous en aurez goûté pendant quelques mois, vous deviendrez de bons et fidèles sujets du nouveau roi que le ciel vous accordera. Vous n'ignorez pas l'attachement de la France pour l'Empereur, de qui pourtant la police était assez sévère et les impôts assez lourds, mais il nous avait sauvés d'une république, et vous l'admirez. Il y a cinq ans, nous fûmes menacés de nouveau pendant quelques jours, ou pour mieux dire pendant quelques heures, de cette terrible apparition. Le résultat en est que quatre millions d'hommes sont maintenant armés pour protéger le prince qui a chassé la république. Si elle se montrait une troisième fois, ce dont le ciel nous préserve, vous pouvez être assurée que le monarque qui monterait après cela sur le trône de France, pourrait jouer aux quilles avec ses sujets, sans que personne songeât à se plaindre. »

LETTRE XLI.

L'Atelier de M. Dupré — L'Église des Carmes. — Tableau du massacre de Féraud, par Vinchon. — Les Pêcheurs de Robert. — Détail sur la mort de ce peintre. — Réflexions sur le renouvellement de l'esprit du Catholicisme en France.

Nous nous sommes rendus ce matin, avec une Anglaise très aimable, qui a passé une grande partie de sa vie à Paris, à la maison et à l'atelier de M. Dupré, jeune artiste qui paraît s'être consacré exclusivement à l'étude de la Grèce. Ses princes, ses paysans, ses belles femmes aux yeux étincelans, et le ciel brillant qui les couvre; tout le matériel de la vie domestique des Grecs et tous les pittoresques ornemens de leurs souvenirs classiques, ont été représentés par ce peintre dans une suite de dessins du fini le plus parfait et qui donnent de ce pays l'idée la plus complète. Je crois avoir entendu dire qu'un ouvrage de luxe, qui se prépare en ce moment sur la Grèce, sera orné de lithographies faites d'après ces dessins.

En sortant de la maison de M. Dupré, où se trouvait cette collection de dessins grecs, pour nous rendre à son atelier, où il eut la bonté de nous faire voir un grand tableau qu'il vient de commencer, nous entrâmes dans la fatale église des Carmes, célèbre pour avoir été la scène du plus horrible massacre de la première révolution. Un grand arbre, qui croît tout auprès, m'a été indiqué comme ayant en vain servi d'asile aux malheureux prêtres qui furent arrachés de ses branches, sabrés ou tués par douzaine à coups de fusil. Mille terribles souvenirs sont réveillés par la vue de l'intérieur de cet édifice, ainsi que par les traditions populaires qui s'y rattachent.

Il y a encore une scène, moins horrible à la vérité que le barbare massacre de tant d'ecclésiastiques en masse, mais qui pourtant l'est assez pour glacer le sang de tout autre que d'un républicain, et qui, par une circonstance assez étrange, a été, depuis la révolution de 1830, choisie pour le sujet d'un énorme tableau de M. Vinchon.

Cette toile représente une salle dans les Tuileries, où, en 1793, s'assemblait la Convention nationale. La populace a envahi le lieu des séances et assassiné Féraud qui cherchait à l'arrêter. Le moment choisi par le peintre, est celui où *une jeune fille appelée Aspasie Migelli*, s'approche du fauteuil du président, précédée de la tête du jeune homme portée sur une pique, et s'enveloppant en signe de triomphe d'une partie de ses vêtemens. Toute cette scène est de la plus terrible violence révolutionnaire. La notice dit que ce tableau appartient au ministre de l'intérieur; mais je ne sais si c'est le ministre actuel ou un autre. Ce sujet avait été donné immédiatement après la révolution de 1830, et plusieurs artistes firent des esquisses qui furent mises au concours. Un de ceux qui avaient concouru, mais qui durent céder au génie supérieur de M. Vinchon, nous dit que ce sujet avait été proposé dans un moment où l'on pensait qu'il serait populaire, soit à cause de la fermeté avec laquelle Boissy d'Anglas conserva la possession du fauteuil de président dont il s'était emparé, soit par l'admiration que devait inspirer la femme énergique que avait aidé aux assassins. Quoi qu'il en fût, le jeune artiste nous assura que toute la popularité du sujet était passée et qu'un ordre pareil ne serait plus donné aujourd'hui.

Me retrouvant de nouveau occupée de tableaux, je ne dois pas en passer sous silence un admirable, qui est maintenant exposé à la mairie du deuxième arrondissement. Il a été peint par l'infortuné Léopold-Robert, qui s'est tué à Venise presque immédiatement après l'avoir achevé. Il représente une troupe de pêcheurs italiens, et il y a dans ce tableau des parties qui égalent tout ce qu'a jamais produit de mieux le pinceau d'aucun artiste moderne. J'aurais éprouvé un plaisir extrême à contempler ce travail, si le peintre avait été encore en vie et eût par conséquent donné l'espoir de perfectionner encore son talent; mais l'histoire que l'on vient de me raconter a mêlé une sensation fort pénible à la satisfaction que je ressentais.

On m'a dit que ce jeune homme était d'une

tournure d'esprit très religieuse et très méditative ; mais il était protestant. Sa sœur, au contraire, à laquelle il était fort attaché, était catholique et venait depuis peu de prendre le voile. Son affection pour son frère était si grande qu'elle se sentit on ne saurait plus malheureuse par l'idée du danger que lui faisait courir son hérésie : et elle commença, par amitié pour lui, à lui faire subir une persécution qui ne le convertit point, mais qui jeta son ame dans un tel labyrinthe de chagrins et d'incertitudes, que sa raison s'égara et qu'il finit par commettre un suicide. Ce charmant tableau est exposé au profit des pauvres, d'après le désir exprimé par l'infortunée religieuse, de qui l'on ajoute que le fanatisme est si ardent, qu'elle n'exprime qu'un seul regret, celui que son frère n'ait pas retardé son suicide, jusqu'à ce qu'elle eût assuré le salut de sa propre ame en persécutant un peu plus encore son frère.

C'est une chose bien singulière et qui, dans les tristes circonstances où nous nous trouvons, ne laisse pas que d'être un peu alarmante, que d'examiner la pieuse et vigoureuse séve que, dans son automne, développe la religion catholique, et qu'avec un peu d'attention il est impossible de ne pas reconnaître en France.

Si nous maintenions sacrée notre religion nationale, défendue comme elle l'a été jusqu'à présent, par notre amour et par nos lois, contre toute attaque, soit du pape, soit de... M. O'Connell, ce serait avec plaisir que je verrais la France sortant de son long accès de fièvre irréligieuse, et je m'en réjouirais avec un esprit chrétien, car elle en sera incontestablement plus heureuse. Mais le clergé catholique montre une activité régénérée qui, dans les circonstances actuelles, doit inspirer à un protestant une inquiétude involontaire, et je vous déclare que je ne passe jamais sous la fameuse fenêtre du Louvre, d'où Charles IX, de sa main royale et catholique, tirait dit-on, des coups de fusil aux huguenots, sans me dire qu'il y a certaine fenêtre à Whitehall, déjà célèbre dans l'histoire par une scène d'horreur, qui pourrait bien servir au roi Daniel pour un but semblable.

La grande influence que l'Église de Rome a depuis peu regagnée sur l'esprit du peuple a été, m'a-t-on dit, considérablement augmentée, par le soin que les prêtres ont pris d'ajouter au pouvoir que leur donne la distribution des pardons et des indulgences, celui que nos prédicateurs méthodistes tirent de la crainte de l'enfer. Ils emploient le même langage qu'eux par rapport à la régénération et à la grâce; et comme un des moyens de regagner l'empire qu'ils avaient perdu sur l'esprit humain, ils frappent aujourd'hui d'anathème toute espèce de récréations, comme si leurs ouailles se composaient d'autant d'aspirans à la sublime perfection de la Trappe, ou de fanatiques hurleurs sortant de la chapelle de Lady Huntingdon. Il est certain pourtant qu'il ne manque pas de digues pour s'opposer à ce nouveau torrent de superstitions. On m'assure que les doctrinaires, considérés en masse, ne sont pas très favorables à cette espèce de faiblesse. Je me rappelle que dans le temps où la grippe régnait si fort en Angleterre, une dame de la haute clique évangélique, entourée des nombreux pensionnaires qui accouraient pour recueillir les miettes tombant de sa table et les leçons sortant de sa bouche, leur disait qu'elle savait composer une médecine très salutaire pour tous les *pauvres* attaqués de l'épidémie. « Je voudrais bien savoir, madame, me dit le pauvre qui me racontait ce trait, quelle différence il y a, dans cette maladie, entre madame C*** et nous. Ce qui est bon pour les pauvres, n'est-il donc pas bon pour les riches ? »

Il me semble que l'on pourrait faire maintenant à Paris la même question, par rapport à cette médecine qu'on appelle religion. On l'administre en grande dose aux pauvres, et, heureusement pour elles, il paraît que beaucoup de femmes se sont jointes à cette classe. Les docteurs des paroisses sont payés par le gouvernement, mais si ce que l'on m'assure est vrai, le gouvernement lui-même fait fort peu d'usage de leurs ordonnances. « C'est très bon, dit-il, pour les pauvres. »

Je ne sais si cette religion magnifique et ambitieuse s'élèvera en avançant, et si, comme autrefois, elle s'emparera encore de l'esprit des grands de la terre. Il faudra quelque temps avant de découvrir ce qui en sera sous ce rapport. Mais ce qui est du moins certain, c'est qu'elle ne négligera rien pour y parvenir, et si elle ne réussit point, elle pourra se consoler en disant avec La Fontaine :

> Et si de les gagner je n'emporte le prix,
> J'aurai du moins l'honneur de l'avoir entrepris.

Elle s'est déjà emparée d'un grand homme, de l'immortel Daniel; et quoique vous attachiez peut-être peu d'importance à ce fait, on ne saurait le regarder comme tout-à-fait sans conséquence, puisque j'ai entendu, depuis que je suis ici, ses principes religieux et son influence sur l'Angleterre cités, même dans la chaire, avec un accent d'espérance et de triomphe qui m'a fait trembler.

Je désirerais de tout mon cœur que quelques-uns d'entre ceux qui continuent à voter avec sa perfide majorité, parce qu'ils y sont obligés, pussent entendre comme on parle ici de sa personne et de son pouvoir. S'il leur reste des cœurs anglais, il ne pourront manquer d'y ressentir une douleur poignante.

LETTRE XLII.

Les vieilles Filles. — Il y en a beaucoup moins en France qu'en Angleterre. — La raison. — On a grand tort de mépriser les vieilles Filles anglaises.

Il y a plusieurs années qu'ayant occasion de passer quelques semaines à Paris, j'eus une conversation avec un Français au sujet des vieilles filles, et quoiqu'il y ait fort long-temps de cela, je crois devoir vous la rapporter, parce que je viens par hasard d'apprendre un fait qui me l'a rappelée.

Nous nous promenions dans le Jardin du Luxembourg, et, comme nous montions et descendions ses longues allées, la conversation tomba sur ce que ce Français appelait la triste destinée des femmes non mariées en Angleterre. Il en parlait comme d'un des plus funestes résultats que l'on pût imaginer de nos mœurs nationales.

«Je n'ai jamais rien vu dans la société, dit-il avec beaucoup d'énergie, qui m'ait fait autant de peine que le grand nombre de femmes malheureuses que l'on rencontre en Angleterre, qui, bien nées, bien élevées et parfaitement estimables, sont sans position, sans *état*, sans nom même, si ce n'est celui qu'elles quitteraient volontiers au prix de la moitié des jours qu'il leur reste à passer sur la terre. »

« Je crois que vous exagérez un peu le mal, répondis-je, mais quand même cela serait ainsi, je ne vois pas en quoi les femmes non mariées sont plus heureuses ici. »

« Ici! s'écria-t-il avec un accent d'horreur, vous imaginez-vous donc réellement qu'en France, où nous mettons notre orgueil à rendre la destinée de nos femmes la plus heureuse qu'il y ait au monde, vous imaginez-vous réellement que nous souffrissions qu'une foule de jeunes filles malheureuses, innocentes, sans appui, tombent en quelque sorte de la société dans le *néant* du célibat, comme chez vous?... Que le ciel les préserve d'un traitement si barbare! »

—« Mais comment pouvez-vous l'empêcher? Il est impossible qu'il n'arrive pas des circonstances qui forcent plusieurs d'entre vos hommes à garder le célibat, et si le nombre des personnes des deux sexes se balance, il s'ensuit naturellement qu'il doit y avoir aussi beaucoup de femmes non mariées. »

—« Cela peut paraître ainsi, mais au fait cela n'est pas... Nous n'avons point de femmes non mariées »

— « Que deviennent-elles donc? »

—« Je n'en sais rien; mais soyez bien sûre que si une Française se trouvait dans cette position, elle se jetterait à l'eau »

— « Je connais pourtant une personne qui se trouve dans ce cas, dit une dame qui se promenait avec nous ; mademoiselle Isabelle*** est une vieille fille. »

—« *Est-il possible!* s'écria notre interlocuteur d'un ton qui nous fit tous rire de bon cœur, et quel âge a cette infortunée mademoiselle Isabelle ? »

—« Je ne sais pas précisément, répondit la

dame, mais je pense qu'elle doit avoir considérablement dépassé la trentaine. »

— « *C'est une horreur!* s'écria-t-il de nouveau; puis il ajouta d'un air un peu mystérieux et à demi-voix: Croyez-moi, elle ne le supportera pas long-temps. »

J'avais complètement oublié mademoiselle Isabelle et son histoire, quand le hasard me fit rencontrer l'autre jour la dame qui l'avait citée comme le seul exemple restant d'une vieille demoiselle française. Causant avec elle de différentes choses qui s'étaient passées la dernière fois que nous nous étions vues, elle me demanda si je me rappelais cette conversation. Je l'assurai qu'elle m'était parfaitement présente.

« Il faut donc que je vous raconte, me dit-elle, ce qui m'arriva environ trois mois après notre promenade au Luxembourg. J'étais invitée avec mon mari à aller passer quelques jours chez une de mes amies qui habitait la campagne, la même chez qui j'avais vu autrefois cette demoiselle Isabelle dont je vous ai parlé. Le soir, faisant une partie d'écarté avec notre hôte, je me rappelai la conversation à laquelle vous aviez pris part, et je demandai des nouvelles de cette demoiselle. Est-il possible que vous n'ayez pas appris ce qui lui est arrivé? me dit-il. —Non vraiment! je n'en sais rien. Se serait-elle mariée? — Mariée! hélas! non! Elle s'est jetée à l'eau?»

Quelque terrible que fût ce dénouement, il ne put faire sur moi l'effet qu'il aurait dû, après ce que j'avais entendu dire d'elle. Y eut-il jamais coïncidence plus étrange? Mon amie me dit qu'à son retour à Paris, elle fit part de cette catastrophe à la personne qui l'avait en quelque sorte prédite, et qui, lorsqu'on la lui raconta, s'écria: « Grâces au ciel! elle est délivrée de son malheur!»

Cet incident et la conversation qui en fut la suite, m'engagèrent à prendre des renseignemens, pour savoir ce qu'il pouvait y avoir de vrai dans ce que l'on m'avait dit. Or il paraît qu'en effet qu'il est fort rare en France de rencontrer une femme non mariée qui ait plus de trente ans. L'arrangement d'un *mariage convenable* pour leur fille, est de la part des parens un devoir aussi sacré que celui de l'envoyer en nourrice ou à l'école. Ces propositions d'alliance partent aussi souvent des parens de la demoiselle que de ceux du jeune homme. Il est évident que cela doit considérablement augmenter la chance d'un bon établissement pour la jeune personne : car quoiqu'il nous arrive aussi quelquefois d'envoyer nos filles aux Indes, dans l'espoir d'arriver à ce résultat désiré, il y a bien peu de parens anglais qui soient allés jusqu'à proposer à quelqu'un ou au fils de quelqu'un de les débarrasser de leur fille.

Je n'ai pas le moindre doute que si la coutume était différente, si les droits d'une jeune personne à un établissement étaient indiqués par ses parens au lieu d'être abandonnés au hasard d'être découverts ou non, je ne doute pas, dis-je, que plus d'un mariage heureux n'en fût le résultat; et quand un arrangement de ce genre n'offre aucune idée d'inconvenance et n'est adopté que par suite de la coutume générale du pays, je conçois que la jeune personne regarde comme un privilége flatteur pour sa modestie, de n'entrer pour rien dans toute cette négociation. Mais nos jeunes Anglaises consentiraient-elles facilement, pour éviter le danger de rester fille, à renoncer au droit d'attendre, dans la dignité du célibat, qu'elles deviennent l'objet du choix, de la préférence d'un homme sur tout le reste de leur sexe, et de pouvoir répondre à sa demande oui ou non, selon la fantaisie du moment? Si je ne suis pas dans une grande erreur sur le caractère national des femmes anglaises, il y en a fort peu qui voulussent échanger ce privilége contre l'assurance la plus positive d'obtenir un mariage par quelque autre voie. Je ne prétends pas décider ce qui vaut mieux, ce qui est plus sage, ou même ce qui doit, selon les apparences, produire les plus heureux ménages; car j'ai entendu donner des raisons si plausibles, je dirai même si solides, en faveur de l'usage français, que la décision peut fort bien, selon moi, devenir douteuse; mais quant à ce qui offre le plus d'agrément aux parties intéressées, je crois qu'il est impossible de nier que l'avantage ne soit tout entier du côté des Anglais et des Anglaises.

Quelque désir que j'aie de croire que la

France abonde en épouses tendres, constantes et fidèles, et en maris qui ne le sont pas moins, je ne saurais m'empêcher de penser que s'il en est ainsi, ce n'est point à cause de la manière dont leurs mariages se font, mais en dépit de cette manière. Le plus fort argument en faveur de la méthode adoptée en ce pays est, sans contredit, celui que, lorsqu'un mari reçoit pour épouse une jeune fille sans impression d'aucun genre, comme le sont toutes les jeunes personnes bien élevées en France, il a plus de chance, ou pour mieux dire, il est plus en son pouvoir de se rendre complètement maître de son cœur que l'homme qui s'éprend d'une beauté de vingt ans qui a déjà, peut-être, entendu pousser des soupirs aussi tendres que les siens, par un amant qui, sans être en position de l'épouser, n'en avait pas moins un cœur pour l'aimer et une bouche pour le lui dire.

Mais combien n'y a-t-il pas à mettre dans la balance contre ce seul avantage! Quelle que soit la tendresse qu'une Française éprouve pour son mari, il ne peut jamais s'aveugler au point de croire qu'elle l'a choisi par amour. Il arrivera à la vérité parfois qu'une jolie personne soit recherchée à cause de sa beauté; mais si la demande est faite et acceptée sans qu'on la consulte, sa vanité ne sera pas même flattée de la préférence dont elle a été l'objet, et son cœur n'éprouvera certainement rien qui ressemble à de la tendresse.

La force de l'habitude est si enracinée qu'il n'est guère possible qu'une des deux nations juge avec impartialité les coutumes de l'autre, sur un sujet si exclusivement réglé par cette habitude. En conséquence, tout ce qu'en ma qualité d'Anglaise je me permettrai d'ajouter, c'est que je serais fâchée de nous voir adopter la mode de nos voisins de France.

J'ai toutefois des raisons pour croire que mon ami du Luxembourg a beaucoup exagéré ce qu'il m'a dit sur la non-existence des femmes célibataires en France. Il en existe, quoique certainement en moindre nombre qu'en Angleterre; mais il n'est pas aussi facile de les reconnaître. Chez nous il n'est pas rare de voir de vieilles filles imiter les militaires qui prennent leur retraite avec un grade nominal. Ainsi miss Dorothée Tompkins deviendra mistress Dorothée Tompkins, ou quelquefois tout bonnement mistress Tompkins, pourvu qu'il n'y ait point de véritable mistress Tompkins pour lui disputer ce titre. Mais en aucun cas je n'ai entendu parler d'une demoiselle dans cette position, qui ait pris le nom de la veuve Tompkins. Ici, au contraire, on m'assure que le cas est bien différent, et qu'il n'y a que les proches parens et les amis intimes qui sachent réellement combien il y a de vieilles demoiselles dans une famille. Plus d'une *veuve respectable* n'a jamais eu de mari de sa vie, et l'on m'a affirmé de la manière la plus positive que le secret est souvent si bien gardé que les neveux et les nièces ne savent pas distinguer, parmi leurs tantes, les veuves des demoiselles.

Ceci prouve du moins que le mariage est considéré comme un état plus honorable que le célibat, quoiqu'il ne faille pas en conclure pour cela que toutes les vieilles filles se jettent à l'eau.

Mais avant de quitter ce sujet, il faut que je

dise quelques mots au sujet des vieilles filles d'Angleterre. Je ne saurais exprimer combien je m'irrite quand j'entends parler avec dédain des femmes célibataires, ou quand je les vois traiter avec moins de considération et d'attention que celles qui par hasard sont mariées. La cruauté et l'injustice d'une pareille conduite doit sauter aux yeux à la moindre réflexion, mais quant à moi, son absurdité me paraît plus évidente encore.

C'est, je crois, un fait notoire qu'il n'y a pas de femme, si ce n'est peut-être une princesse du sang, qui arrive à l'âge de cinquante ans sans avoir pu se marier si elle l'avait voulu. Il est certain que plusieurs d'entre elles, qui ont eu ce pouvoir, n'ont pas pu en user, soit par quelque accident, soit par la tyrannie des personnes de qui elles dépendaient; mais il n'y a en cela rien de ridicule ou de méprisable.

Mais une femme mérite bien moins de dédain encore si elle a eu la fermeté et la constance de préférer le célibat, parce qu'elle l'a considéré comme un état qui lui convenait mieux que le mariage : à dire vrai, je ne connais rien qui prouve une ame plus élevée. Le ridicule qui accompagne le célibat des femmes est si bien connu et si grossièrement manifesté, qu'il faut une bien grande dignité de caractère dans une femme pour lui donner le courage de le braver, plutôt que de manquer à ce qu'elle croit juste et raisonnable.

Ce que j'en dis n'est nullement dans l'intention de rompre une lance contre toutes les Françaises qui se sont soumises, *bon gré mal gré*, à devenir épouses d'après l'ordre de leurs pères, de leurs mères, de leurs oncles, de leurs tantes et de leurs tuteurs. Elles ont fait précisément ce qu'elles devaient faire, et j'espère que toutes leurs filles si jolies et si calmes feront comme elles. C'est la coutume du pays, et l'on ne ferait pas bien de s'en départir; mais puisque je traite ce sujet et que je défends ici nos usages sous le rapport de l'importante affaire du mariage, je crois devoir aussi vous en faire remarquer le résultat. Il y a sans doute de l'avantage à permettre à nos jeunes personnes de faire connaissance avec l'homme qui veut devenir leur époux, avant qu'elles ne consentent à passer leur vie entière avec lui; mais dans mon opinion, la supériorité bien plus grande encore qu'ont à cet égard nos usages, consiste dans la protection qu'ils accordent à celles qui se décident à rester filles plutôt que d'épouser un homme qu'elles n'aiment pas. J'avouerai même que je regarde la classe des femmes non mariées comme une classe très importante dans la société. La liberté complète dont elles jouissent leur donne sur leur temps et leurs ressources un pouvoir qu'aucune autre femme ne peut posséder à moins d'être veuve sans enfans. Personne, qui connaît à fond la société anglaise, ne peut non plus nier qu'elles n'usent de ce pouvoir de la manière la plus noble; et si dans cette classe il s'en trouve qui aiment le jeu, la toilette et la médisance, il faut les traiter avec ni plus ni moins de mépris que les femmes mariées, telles qu'il s'en trouve aussi parfois, qui aiment la médisance, la toilette et le jeu.

Il m'est arrivé, et je pense que je partage à cet égard le sort de la plupart des gens, de rencontrer mes meilleures et mes plus fidèles amies parmi les femmes non mariées. Les liaisons que forment ensemble de jeunes personnes ne sont-elles pas presque toujours rompues par le mariage? Elles conservent l'une pour l'autre des sentimens de bienveillance; elles s'envoient une lettre de loin à loin; mais quand la mère inquiète veille à côté du berceau de son enfant malade, à qui s'adresse-t-elle pour trouver de la sympathie et des consolations, si ce n'est à sa sœur ou à son amie non mariée? Et ce n'est pas seulement dans la maladie que ces amies sont au nombre des plus grands bienfaits de l'existence: elles ne manquent à aucun devoir en accordant à la société leur temps et leurs talens, et il n'y a pas de famille en Angleterre qui n'ait dû ses momens les plus heureux à la personne de qui non seulement les talens leur appartiennent exclusivement, mais chez qui ces talens ont probablement acquis un bien plus haut degré de perfection que chez leurs amies mariées.

Aussi, en dépit de notre ami du Luxembourg, je suis décidément d'opinion que, du moins en

Angleterre, il n'y a aucun motif pour que toutes les vieilles filles suivent l'exemple de l'infortunée demoiselle Isabelle.

LETTRE XLIII.

Les Modes de Paris. — Il faut être Parisienne pour les porter. — Magasins de Nouveautés. — Fleuristes. — Élégance du goût des Parisiens. — Bouquetières. — Plus de rouge ni de faux cheveux.

Quand vous réfléchissez que c'est une femme qui vous écrit, vous avouerez qu'elle ne vous accable point avec excès de la description des modes de Paris. Peut-être au contraire serez vous plutôt disposée à vous plaindre de ce qu'en traitant ce fertile sujet, elle se soit bornée jusqu'ici à vous parler du costume historique et bizarre des républicains. L'extérieur des personnes et tout ce qui s'y rapporte n'en est pas moins un des traits les plus importans de l'histoire journalière de cette brillante ville; et quoique, sous ce rapport, elle soit devenue le modèle du monde entier, elle trouve moyen toutefois de conserver pour elle seule un air, une apparence, et de faire un effet que les autres peuples chercheraient en vain à imiter. Partout vous trouvez des modes françaises; mais c'est à Paris seul que vous les voyez portées par des femmes françaises.

Le dôme des Invalides, les tours de Notre-Dame, la colonne de la place Vendôme, les moulins de Montmartre, ne présentent pas à l'esprit une idée plus essentiellement caractéristique de Paris, que ne le fait l'aspect des bonnets, des chapeaux, des fichus, des châles, des tabliers, des ceintures, des boucles, des gants, mais surtout des souliers et des bas, lorsqu'ils sont portés dans Paris par des Parisiennes.

C'est en vain que toutes les femmes de la terre viennent à ce marché d'élégance, et qu'elles y arrivent avec assez d'argent pour se couvrir des pieds jusqu'à la tête de tout ce qu'elles trouvent de plus riche et de meilleur; c'est en vain qu'une de ces femmes appelle à son secours toutes les tailleuses, coiffeuses, modistes, couturières, cordonnières et lingères de la ville; tout l'avantage qu'elle recueillera de sa peine, après qu'elle aura acheté, fait faire et mis tout ce qu'on lui aura indiqué, sera d'entendre une grisette dire à l'autre dans la première boutique où elle entrera: «*Cette dame Anglaise désire*» telle ou telle chose, et cela avant que la pauvre femme ait eu le temps de dire un mot qui ait pu la faire reconnaître à son accent.

Et ce ne sont pas seulement les Français qui nous reconnaissent avec cette facilité, car alors on pourrait croire que cela tient à quelques signes maçonniques dont il se servent entre eux. Non, ce qu'il y a de plus malheureux, c'est que nous nous reconnaissons les uns les autres dès le premier moment. Il suffit d'un coup d'œil pour se dire à soi-même, avec la rapidité de la pensée: Voilà un Anglais; voilà une Anglaise. Il est fort singulier que les manières, la tenue, la démarche, l'expression des mouvemens et, si je puis m'exprimer ainsi, des membres, soient à la fois si remarquables et si impossibles à imiter. Tout cela n'a rien de commun avec les différences nationales des yeux et du teint: car l'effet en est tout aussi marquant, et peut-être encore plus quand on marche derrière une personne que quand on va au devant d'elle ; il règne dans chaque pli, dans chaque épingle, dans chaque attitude, dans chaque geste.

Si je pouvais vous expliquer à quoi tient cet effet, j'en aurais peut-être rendu l'imitation beaucoup moins impossible ; mais maintenant qu'après neuf ans d'épreuve cette impossibilité est généralement reconnue, vous ne pouvez attendre de moi un pareil éclaircissement. Tout ce que je puis faire est de vous donner sur la toilette les détails qui sont intelligibles à tout le monde, sans prétendre aller jusqu'à l'effet qui est la partie occulte et mystérieuse du sujet.

Pour parler le langage des marchandes de modes, je dirai que les femmes s'habillent beaucoup mieux à Paris qu'à Londres. Je ne crois pas qu'il y ait une Française qui, après avoir déposé son négligé du matin, croirait devoir, pendant la saison des réunions, changer de toilette quatre fois par jour, comme le font à Londres certaines dames que je connais. Je ne crois pas non plus que la petite-maîtresse la plus recherchée s'imaginât manquer aux convenances envers les personnes de sa maison si elle se mettait à table avec la même robe qu'elle portait trois heures auparavant. Les seuls objets de luxe féminin qui soient ici d'un usage plus général que chez nous, sont les châles de cachemire. Le trousseau d'une jeune mariée doit nécessairement renfermer au moins un de ces moelleux tissus, et j'ai lieu de croire que c'est précisément là la partie du *présent* qui fait souvent oublier le *futur*.

Sous tous les autres rapports les objets nécessaires à la toilette des femmes françaises du bon ton, entrent aussi dans celle d'une Anglaise; les bijoux et ornemens d'or de toute espèce sont d'un usage plus général chez nous. Le costume qu'une jeune Anglaise met pour aller dîner en ville est à peu près celui qu'une Française porte au bal, et le costume de dîner le plus élégant de Paris est exactement le même que celui de l'Opéra.

Il y a dans tous les quartiers de la ville un grand nombre de fort beaux *magasins de nouveautés*, dans lesquels une femme peut trouver à satisfaire tous ses désirs sous le rapport de la toilette; et il y a des coiffeuses et des modistes très adroites qui savent parfaitement fabriquer et recommander tous les produits de leur art éblouissant; mais il n'y a pas de Howel ou de James où se rassemblent à point nommé toutes les belles dames de Paris; point de réunions de grands laquais, étendus sur des bancs devant les portes des magasins et faisant aux personnes l'office d'enseignes, pour leur apprendre combien de chalands sont en ce moment occupés à acheter les précieuses marchandises que ce lieu renferme. Les magasins sont en général beaucoup moins vastes que chez nous; ou bien, quand ils s'étendent en longueur, ils ressemblent plutôt à des dépôts. On n'étale pas en montre, ou pour servir de décoration, à beaucoup près autant de marchandises qu'en Angleterre, si ce n'est dans les boutiques de porcelaines ou de bronzes dorés. Partout où les objets peuvent être exposés à l'air sans risque d'être détériorés, on en étale un grand nombre; mais, à tout prendre cependant, les magasins n'offrent pas ici une aussi grande apparence de capitaux employés au commerce que chez nous.

La disposition pleine d'élégance des fleurs exposées en vente, ajoute considérablement à la gaieté et à l'agrément des rues. Tout le long des boulevarts, et dans chacun des brillans passages dont Paris est maintenant coupé dans toutes les directions, on n'a qu'à fermer les yeux pour se croire dans un délicieux parterre, et même quand on les rouvre, si l'illusion se dissipe, on retrouve quelque chose de presque aussi joli à la place.

Nonobstant la multitude des abominations qui remplissent les rues, l'air de prison qu'offrent les salons de Paris, et le détestable escalier commun qu'il faut monter pour y arriver, le peuple français a une élégance de goût et un amour de ce qui est gracieux, que l'on ne rencontre nulle autre part. Ces qualités ne sont pas les attributs exclusifs des spacieux hôtels des grands et des riches, on en reconnaît des traces jusque dans les dernières classes de la société.

La manière dont une vieille fruitière en plein vent noue les paquets de cerises qu'elle vend aux enfans pour un sou, pourrait servir de leçon au plus habile décorateur de nos tables. Une touffe de violettes, d'un prix assez modique pour être à la portée de la moindre soubrette de Paris, est arrangée avec une grace qui la rend digne d'être portée par une duchesse, et j'ai vu le mince fonds de commerce d'une fleuriste, qui n'avait d'autre pavillon qu'un arbre et le ciel azuré, étalé avec un si heureux mélange de couleurs et de formes, que je me suis arrêtée à le contempler avec plus de plaisir que je n'en ai éprouvé à regarder le Palais de Flore, dans le King's Road.

Après tout, je suis portée à croire que cet art mystérieux de toilette, dont j'ai parlé, dépend probablement de cet instinct de bon goût naturel et inné. Il y a une convenance, une sorte d'harmonie, dans les différentes parties dont l'ensemble forme la toilette d'une femme, que l'on reconnaît dans les foulards aux teintes brillantes, avec les fichus et les tabliers assortis, aussi bien que dans les plus élégans chapeaux des Tuileries. La phrase expressive dont ils se servent en parlant d'une femme bien mise : *elle est faite à peindre*, peut s'appliquer à la paysanne comme à la princesse, car la même délicatesse les inspire, à leur insu même, l'une et l'autre.

C'est ce sentiment national qui fait que les groupes, les corps de ballet et tout ce qui, dans le théâtre, forme tableau, est si fort supérieur en France à ceux de tous les autres pays. Dans ces occasions une seule erreur, quant aux couleurs, aux contrastes et aux positions, détruit toute l'harmonie et enlève le charme; mais vous voyez les pauvres petites filles qui, pour quelques sous par soirée, jouent les rôles d'anges et de Grâces, se mettre en position sur la scène, avec un instinct aussi sûr que celui qui pousse une troupe d'oies sauvages à fendre les airs en phalange triangulaire, au lieu de s'éparpiller vers tous les points de la boussole, comme on le voit faire souvent à nos figurans, quand ils ne sont pas tenus en ordre par le maître de ballets, avec autant de soin qu'un chasseur qui rassemble sa meute.

Je ne saurais dire combien je suis charmée de voir que le rouge est complètement passé de mode. Je ne prétends pas dire qu'il n'y ait pas par ci par là de beaux yeux, dont l'éclat ne soit augmenté par une légère nuance de rose adroitement appliquée au dessous; mais quand cela se fait, cela se si fait bien qu'on ne le remarque que par le bon effet qui en résulte; et c'est là une prodigieuse amélioration quand on le compare à la mode, encore fraîche dans ma mémoire, de larder les joues des femmes jeunes et vieilles à un point réellement effrayant.

Il y a encore une autre amélioration que j'admire beaucoup : c'est que le plus grand nombre de femmes âgées ont renoncé à porter de faux cheveux, et qu'elles arrangent leurs propres cheveux blancs avec toute la grâce et tout le soin possible. L'effet en est extrêmement favorable à l'ensemble de leur apparence. La nature arrange toujours mieux les choses pour nous que nous ne le pouvons faire nous-mêmes, et l'aspect d'un vieux visage entouré d'une profusion de boucles noires, brunes ou blondes, est infiniment moins agréable que quand il n'a pour ornement que la chevelure blanche ou grise qui lui appartient.

J'ai entendu remarquer, et avec beaucoup de

raison, que le rouge ne séyait bien qu'à celles qui n'en avaient pas besoin, et cette observation est tout aussi vraie à l'égard des faux cheveux. Dans le nombre des coiffures du noir le plus brillant que j'ai vues ici, il y en avait quelques-unes dont la quantité de cheveux ne pouvait certainement pas être le produit d'une seule tête ; mais quand cet édifice surmonte de jeunes traits, qui ont des droits à tout ce que l'art du coiffeur peut inventer pour les décorer, l'effet n'a rien d'incongru ni de désagréable. Pourtant, à mon avis, c'est toujours dommage d'orner par un art trompeur les charmes naturels d'une jeune tête. Messieurs les fabricans de faux cheveux ne seront pas fort contens de moi, car, après avoir interdit leur usage aux vieilles femmes, voilà que je désapprouve leur usage pour les jeunes aussi.

Au reste, tout ce que je puis ajouter concernant la toilette, c'est que nos dames ne doivent plus espérer de trouver ici à bon marché les objets dont elles auront besoin ; tous, au contraire, sont devenus beaucoup plus chers qu'à Londres, et ce qui doit en outre les empêcher de faire ici des emplettes de ce genre, c'est que toutes les différentes fabriques que nous avions coutume de considérer comme supérieures aux nôtres, particulièrement celles de soieries et de gants, leur sont maintenant, selon moi, évidemment inférieures en qualité; et les objets que l'on peut encore acheter au même prix qu'en Angleterre sont trop mauvais pour qu'on puisse s'en servir.

Les seules emplettes que je serais bien aise de faire ici pour les rapporter chez moi, sont des porcelaines; mais c'est à quoi le tarif de notre douane ne permet pas de penser, et elle a raison: car sans cela nos Wedgewood et nos Mortlake ne vendraient guère d'objets d'ornement. Non-seulement leurs prix sont plus élevés, mais la matière première et le travail sont, à mon avis, très inférieurs. Il faut convenir qu'il est flatteur pour le patriotisme de pouvoir dire avec sécurité, qu'à l'exception des objets que je viens de citer, et de quelques autres superfluités de luxe, telles que les pendules d'albâtre, les bronzes et les dorures, il n'y a rien que nous puissions désirer d'introduire en fraude dans notre riche pays.

LETTRE XLIV.

Sociétés mélangées. — Réunions exclusives. — Les Dignitaires de l'Empire.

Quoique les salons de Paris présentent peut-être en ce moment la société la plus mêlée, sous le rapport de l'opinion, qu'il soit possible de rencontrer dans le monde, il arrive pourtant parfois que l'on se trouve dans des réunions où tout le monde pense de même, et où l'on se fait honneur de cette uniformité de sentimens ; car toutes les fois que cela arrive, la société se regarde comme particulièrement choisie, et comme possédant toute la dignité de nos exclusifs.

Le tableau de Paris, tel qu'il est, serait peut-être plus ressemblant, s'il était tracé d'après un coup d'œil pris dans les sociétés formées sans aucun égard à la politique, ou aux principes d'aucun genre; mais je me suis trouvée avec beaucoup de plaisir admise, en trois occasions différentes, dans des soirées tout-à-fait exclusives.

A la première, une amie pleine d'obligeance, à côté de qui j'étais placée, eut la bonté de me nommer toutes les personnes de la société, et j'appris de cette façon que j'avais l'honneur de me trouver avec la plupart des ministres actuels du roi Louis-Philippe. Trois ou quatre de ces messieurs me furent présentés, et j'eus l'avantage de voir *de près*, dans leurs momens de loisir, ces hommes sur qui pèse en ce moment une responsabilité plus grande peut-être que celle dont aucun ministère s'est jamais trouvé chargé.

Toutefois, aucune tristesse, aucune préoccupation, aucune inquiétude, ne paraissait les tourmenter, bien que le *procès-monstre*, ce principal sujet de leur tourment, ne fût nullement banni de leurs discours. En attendant, la manière dont ils en parlaient ne me donna certes aucun motif de croire que ce poids dût les accabler, ni même qu'il leur fît éprouver le moindre embarras.

Quelques-unes des extravagances des *accusés* furent relevées avec assez de gaieté, et le ton général de la conversation fut celui d'hommes qui savent parfaitement ce qu'ils font, et qui trouvent plus de sujets de rire que de s'effrayer dans l'opposition et dans les injures auxquelles ils sont en butte. J'avoue pourtant que cette légèreté d'esprit, que j'approuve fort dans des momens de récréation, ne devrait pas se montrer dans des occasions plus graves, où elle ne sert qu'à produire de l'exaspération de la part des accusés, exaspération que je veux bien croire sans danger pour l'État, mais qu'il n'est pas bon d'exciter inutilement. J'ai lu, il y a quelques jours, dans la spirituelle feuille intitulée la *Chronique de Paris*, une lettre décrivant une des séances de la Cour des Pairs dans ce procès, et la gaieté manifestée par le duc de Broglie y est critiquée dans les termes suivans :

« J'ai fait moi-même partie de ce public pri-
« vilégié que les accusés ne reconnaissent pas

« comme un vrai public, et j'ai pu assister jeudi
« à cette dramatique audience, où la voix ton-
« nante d'un accusé, lisant une protestation, a
« couvert la voix du ministère public. J'étais du
« nombre de ceux qui ont eu la fièvre de cette
« scène, et je n'ai pu comprendre, au milieu de
« l'agitation générale, qu'un homme aussi bien
« élevé que M. de Broglie (je ne dis pas qu'un
« ministre), trouvât seul qu'il y eût là sujet de
« rire, en lorgnant ce vrai Romain, compara-
« ble à ces tribuns qui, dans les derniers temps
« de la république, faisaient trembler les patri-
« ciens sur leurs chaises curules. »

Ce *vrai Romain* méritait cependant, selon moi, d'être puni plutôt que raillé, car jamais criminel traduit devant la barre des tribunaux de son pays, n'insulta plus grossièrement ses lois et son gouvernement, que l'accusé Baune ne le fit en cette occasion. Il faut convenir que si les relations qui nous parviennent par les journaux ne sont pas exagérées, la conduite des accusés fournit à chaque séance des causes suffisantes de colère et d'indignation, sans toutefois inspirer aucun sentiment qui approche de la crainte. La manière calme, digne et modérée, dont la cour des pairs a agi jusqu'à présent, pourrait, je pense, servir d'exemple à plus d'une assemblé législative.

Les ministres de Louis-Philippe sont fort heureux que le mode de poursuites auquel ils se sont décidés à avoir recours dans cette embarrassante affaire, ait été suivi par la chambre haute d'une manière qui laisse si peu de prise à une critique raisonnable. Ce devoir bien pénible lui a été imposé illégalement, s'il faut en croire bien des gens, mais malgré cela il l'a été par une autorité à laquelle tout respect est dû, et la cour s'en est chargée avec un courage qui lui fait honneur.

La seconde réunion exclusive où je fus assez heureuse pour être admise, était sous tous les rapports l'opposé de la première. La belle maîtresse de la maison, elle-même, m'assura qu'il ne s'y trouvait pas un seul doctrinaire.

Là aussi, l'éternel sujet du procès-monstre fut discuté, mais d'un ton bien différent et avec des sentimens aussi éloignés que possible de ceux qui avaient dicté le triomphant et gai persiflage auquel je venais de prêter l'oreille. La conversation ne fut pourtant rien moins que *triste*, car la réunion était, à vrai dire, singulièrement aimable; toutefois, au milieu de nombreuses railleries et de fréquens éclairs d'esprit, on entendait gronder, comme un tonnerre lointain, des paroles sinistres, annonçant des révolutions futures. On haussait les épaules, on secouait la tête, on frappait sur la tabatière avec une sorte de courroux; et de temps à autre, au milieu de l'aimable babil des jolies femmes, et des complimens bien tournés de ceux à qui cet aimable babil s'adressait, on entendait des phrases du genre de celles-ci : « *Tout n'est pas encore fini....* » — « *Nous verrons, nous verrons!* » — « *S'ils usent d'arbitraire...* » et autres semblables.

La troisième société était aussi bien différente des deux autres. Cette réunion avait lieu dans le faubourg Saint-Germain, et si le sentiment, que bien des personnes traitent de préjugé, ne me trompe point, le ton de la haute société y était beaucoup plus remarquable que dans les deux premières. Je soupçonne fort que les personnages distingués qui la composaient seraient traités de rococos par ceux des deux brillantes soirées que je viens de décrire; et pourtant ils étaient de l'étoffe dont sont faits les vrais patriciens. Il y en avait, à la vérité, plusieurs qui étaient tout-à-fait de l'ancien régime, et plusieurs autres qui en descendaient et qui avaient hérité de la noblesse et de la fierté de leurs ancêtres; mais soit qu'ils fussent jeunes ou vieux, soit qu'ils eussent joué un rôle distingué dans les jours de la première révolution, ou qu'ils soutinssent les principes chevaleresques de leur race, en s'éloignant de plus en plus de celle de la seconde, dans un cas comme dans l'autre, ils offraient dans leurs manières cet air de supériorité que la noblesse du sang peut seule donner.

Il existe encore une quatrième classe, qui se compose des dignitaires de l'empire. Je ne sais s'ils se rassemblent dans des sociétés qui leur soient particulières, mais jusqu'à présent, du moins, je n'ai pas eu occasion d'y pénétrer, et je ne pense pas que cela soit. Il est probable qu'il y a des maisons où on les rencontre plus fréquemment que dans d'autres ; mais je ne crois pas qu'il y ait d'endroit où ils forment une classe séparée, si ce n'est autour du dôme des Invalides.

Il n'y a rien de plus facile que de les reconnaître. On les distingue aussi aisément parmi les autres personnes qu'un homard cuit dans un panier de homards en vie.

Le joli petit vaudeville appelé, je crois, *la Dame de l'Empire*, présente, à mon avis, le portrait le plus ressemblant que jamais comédie ait offert d'une classe entière sous des traits individuels.

Les flots orageux qui depuis quarante ans inondent et sillonnent la France, n'ont jamais déposé sur son sol de race aussi fortement marquée de caractères distinctifs que celle produite par les militaires de l'empire. L'influence de l'énorme pouvoir dont l'action se faisait alors sentir, a laissé de nobles vestiges. Partout où la science se montrait, le pouvoir l'a poussée en avant, et les siècles à venir béniront pour cela la protection éclairée de Napoléon. Il faudra bien des siècles de dévastation et de barbarie pour effacer tout ce qu'il a fait en ce genre.

Mais cette même époque, pendant qu'elle tirait de l'obscurité des talens et des esprits entreprenans qui sans son influence n'auraient jamais vu la lumière du jour, créait en même temps une foule d'hommes et de femmes que cet éclat et leur position sur le devant de la scène, ne montraient pas à l'œil du spectateur impartial sous un jour avantageux.

J'ai entendu dire qu'il faut trois générations pour faire un gentilhomme. Ceux créés par Napoléon ne sont pas encore arrivés à la seconde ; et malgré tout mon respect pour le talent, l'industrie et la valeur, je ne puis m'empêcher, en les regardant, de sentir la vérité de cette maxime.

Il est possible que le ton parfait de l'aristocratie qui a suivi en France celle de l'empire rende plus remarquable ce qui manque à celle-ci sous ce rapport. Il serait difficile, en effet, de se faire l'idée d'un contraste plus frappant que celui d'une dame de l'ancienne noblesse bourbonnienne, avec une maréchale de création impériale. On dirait qu'il n'entre pas un atome dans la matière dont l'une et l'autre sont formées, qui n'indique l'origine différente de l'esprit qui les anime. Le son de leur voix, le regard de leurs yeux, leur sourire, leur démarche, tout est contraste.

Quand tous les traits d'une *dame de l'empire* et d'une *femme noble* seraient jetés dans le même moule, je suis sûre qu'elles ne se ressembleraient pas plus que la reine Constance et Nell Gwyn.

Il n'y a pas moins de différence dans les hommes : je ne parle pas des savans et des artistes, leur rang est d'un autre genre; mais de ces échantillons de grandeur décorée que l'on rencontre par-ci, par-là, et qui semblent avoir été arrachés de vive force au corps-de-garde. Des militaires avec d'énormes moustaches, qui à la moindre observation paraissent prêts à s'écrier : *Sacré nom de D..., je suis un héros, moi! vive l'empereur! Bah!*

On plaisante beaucoup sur les personnes *fashionables* d'aujourd'hui; mais le rang, les places, la faveur de la cour, doivent donner quelque réalité à l'importance de ceux que les derniers mouvemens ont portés au faîte du pouvoir, et cela est beaucoup moins rebutant que les réminiscences vides, grossières et soldatesques du patronage impérial, que présentent parfois les hommes à qui leur sabre a frayé la route des salons de Paris. Les hommes vraiment grands de l'empire, et il y en a certainement beaucoup, ont pris soin de se procurer d'autres droits à la distinction que celui d'avoir été tirés par Napoléon de leur profonde obscurité. Je pourrais appliquer à ceux-ci ce que dit le soldat dans *Macbeth*: « Ils ressemblent à des canons bourrés d'une double charge. » Quant aux dames, maintenant d'un certain âge, qui, dans ces jours de belliqueuse mémoire, de petites demoiselles bourgeoises, devinrent, par la grâce du sabre et de la trompette, des maréchales et des duchesses, je suis convaincue qu'elles sont beaucoup moins bien placées dans un salon que celles qui, plus jeunes d'années et de dignité, sont encore dans toute la fraîcheur de leurs nouveaux honneurs. D'ailleurs, à bien considérer la chose, le trône est après tout occupé par un Bourbon, en place d'un autre; et quoique la manière dont ce changement s'est fait soit grandement à déplorer, il n'a pas dû produire dans l'aristocratie de la France une convulsion aussi violente que le règne d'un soldat de fortune, bien que le plus illustre qui ait jamais porté les armes.

La plupart des plus nobles familles de France restent encore attachées au sol dont depuis tant de siècles elles portent le nom; et l'on assure que le roi Louis-Philippe n'éprouve pas pour elles une grande répugnance. Si donc de nouveaux changemens n'ont pas lieu dans le pays; si d'autres journées immortelles ne viennent pas déplacer encore une fois tout le monde, il est probable que le nombre de ces familles ne diminuera pas dans les cercles de la cour.

Dans l'intervalle, la haute société qui doit sa naissance à la dernière révolution a, comme de raison, ses entrées partout, et s'il y a quelques marques extérieures qui la fassent plus particulièrement reconnaître, c'est, je pense, chez les femmes, une toilette plus riche et moins simple que celle de leurs nobles voisines; et dans les hommes, un air général de prospérité et de satisfaction, avec un regard parfois un peu triomphant, souvent un peu protecteur et toujours un peu affairé.

C'est une duchesse qui m'a donné l'idée la plus parfaite d'une parvenue impériale que j'aie encore vue autre part qu'au théâtre. Quand une dame de cette classe parvient à un rang aussi élevé, les dangers de sa fausse position se multiplient autour d'elle. Une tranquille bourgeoise, qui devient dame noble du troisième ou du quatrième rang, doit nécessairement paraître un peu gauche; mais pourvu qu'elle ait le moindre tact, elle pourra rester sans être ridicule sous l'honorable protection de celles qui sont placées au-dessus d'elle. Il n'en est pas de même quand elle devient duchesse. Alors la chance tourne terriblement contre elle. *Madame la duchesse* est inévitablement en vue; et si elle ajoute à son *mauvais ton* le malheur d'être une femme *bel esprit*, et la prétention de la littérature à celle du rang, il y a fort à parier qu'elle sera réellement très remarquable dans son genre.

Aussi ma duchesse parvenue est-elle très remarquable. Sa démarche est celle d'un caporal portant un ordre. Sa voix est la première, la dernière et presque la seule que l'on entende dans le salon qu'elle honore de sa présence ; à moins toutefois qu'elle ne parle bas par hasard à quelque galant décoré, militaire, savant, ou artiste, de la même fournée qu'elle. En même temps elle promène ses regards autour de l'assemblée comme si elle se disposait à faire l'appel.

Malgré ces ridicules, cette dame est sans contredit une personne de talent, et si elle avait eu le bonheur de rester dans le rang où elle et son époux étaient nés, il est probable qu'elle n'eût pas jugé nécessaire de parler si haut, et ses *bons mots* n'en auraient produit que plus d'effet. Mais elle est si complètement déplacée dans le rang auquel son mauvais génie l'a élevée, que l'on croirait que Napoléon, en fixant sa destinée, a dit comme M. Jourdain : « Votre fille sera marquise en dépit de tout le monde, et si vous me mettez en colère, je la ferai duchesse. »

LETTRE XLV.

L'abbé Lacordaire.— Les meilleures places réservées pour les hommes. — Dimensions de Notre-Dame. — Les jeunes gens en France font toutes les réputations.—Discours du prédicateur.

Je vous ai parlé de deux prédicateurs célèbres. Il y en a encore un dont la réputation m'a engagée à supporter dimanche deux heures d'une ennuyeuse attente avant le commencement de la messe qui précéda le sermon. Il faut se soumettre à cet inconvénient si l'on veut se procurer une chaise le jour où l'abbé Lacordaire monte en chaire à Notre-Dame. Il faut convenir que c'est une rude patience, mais ayant entendu parler de cet homme célèbre, tantôt comme d'un prédicateur envoyé par le ciel pour rétablir le christianisme en France; tantôt comme d'un hypocrite auprès duquel Tartufe aurait été un saint; tantôt comme d'un homme auquel, depuis Bossuet, personne ne pouvait se comparer; tantôt comme d'un charlatan plus fait pour parler sur des tréteaux que dans la chaire de Notre-Dame; je me décidai à aller moi-même l'entendre, quoique, à dire vrai, je ne prétendisse pas être compétente pour juger entre ses amis et ses ennemis. Plusieurs circonstances se réunirent toutefois pour diminuer l'ennui de cette longue attente; je pourrais même aller plus loin et avouer que ces momens ne formèrent pas la partie la moins profitable des quatre heures que nous passâmes dans l'église.

En entrant, nous trouvâmes toute l'immense nef fermée par des barrières, ainsi qu'elle l'avait été le jour de Pâques pour le concert (car je ne saurais donner un autre nom au service de cette fête). Nous étant présentés à l'entrée de cette enceinte, on nous dit que les dames n'étaient point admises dans cette partie de l'église, mais que dans les galeries latérales nous trouverions des chaises et de fort bonnes places.

Cet arrangement m'étonna par bien des raisons. D'abord il était contraire à tous les usages nationaux; car, partout en France, les meilleures places sont réservées aux femmes; et jusqu'à ce moment je n'avais jamais trouvé que l'on en agît autrement. Ce qui ajouta encore à mon étonnement, c'est que dans toutes les églises où j'étais entrée, quelque nombreuse que fût l'assemblée, je l'avais toujours trouvée composée de douze femmes, au moins, contre un homme : aussi, lorsque en regardant pardessus la barrière, je vis des rangs serrés de chaises en assez grand nombre pour placer au moins quinze cents personnes, je me dis que, pour rendre nécessaire un tel arrangement, si peu d'accord avec la politesse, il fallait sans doute que tous les ecclésiastiques de Paris eussent formé le projet de venir écouter leur éloquent *confrère*. Mais je n'eus pas besoin de me livrer pendant longtemps à mes conjectures : la foule ne tarda pas à entrer par toutes les portes, et nous nous empressâmes d'aller prendre les meilleures places qu'offrissent les galeries latérales : nous nous trouvâmes entre les colonnes qui sont précisément en face de la chaire et nous en fûmes assez satisfaits, ne doutant pas qu'une voix si puissante ne parvînt jusqu'à nous, même à cette distance.

La première consolation que j'éprouvai à la pensée de la longue attente à laquelle j'étais condamnée, sur le siége peu commode où j'étais placée, fut de me dire que j'étais dans les antiques murs de Notre-Dame. C'est une bien belle église, et quoiqu'elle ne puisse pas se comparer, soit à l'abbaye de Westminster, soit aux cathédrales d'Anvers, de Strasbourg, de Cologne, ou a beaucoup d'autres que je pourrais nommer, elle a bien de quoi occuper l'œil fort agréablement pendant un temps considérable. Les trois belles fenêtres en rosaces, par lesquelles une lumière colorée pénètre du nord, de l'ouest, du midi, offrent déjà par elles-mêmes une fort agréable étude pendant une demi-heure; d'ailleurs, quoiqu'elles n'aient *que* quarante pieds de diamètre, elles me rappelèrent la magnifique fenêtre circulaire de Strasbourg, dont le seul souvenir pourrait faire passer une autre demi-heure. Après cela je m'efforçai, sans succès, de me rappeler certains vers baroques que j'avais entendu citer quelques jours auparavant et qui contiennent l'indication des dimensions de cette cathédrale. Je vais les transcrire pour votre usage et même pour votre amusement, si jamais il vous arrive d'être obligée, comme moi, d'attendre, dans l'attitude la plus incommode, l'arrivée d'un autre abbé Lacordaire.

>Si tu veulx sçavoir comme est ample,
>De Nostre-Dame le grand temple;
>Il y a dans œuvre, pour le seur,
>Dix et sept toises de haulteur;
>Sur la largeur de vingt-quatre;
>Et soixante-cinq, sans rabattre
>A de long. Aux tours hault montées,
>Trente-quatre sont comptées.
>Le tout fondé sur pilotis,
>Aussi vrai que je te le dis.

En répétant cette description poétique, vous n'avez qu'à vous rappeler qu'une *toise* vaut six pieds; et en tournant votre tête de chaque côté vous aurez la satisfaction de savoir au juste à quelle distance portent vos yeux.

Une source d'amusement assez féconde pour

moi, fut de voir arriver l'assemblée. L'édifice tout entier fut bientôt rempli d'autant de personnes qu'il en pouvait contenir, et nos places, qu'en entrant nous croyions assez mauvaises, se trouvèrent être des meilleures. Il n'y avait pas une colonne qui ne servît d'appui à autant d'hommes qu'il en fallait pour l'entourer; les avances, les balustrades des autels latéraux, tout offrait la même apparence que si un essaim d'abeilles s'y fût posé.

Mais ce qui attira le plus mon attention, ce fut la nef. Quand on m'avait dit qu'elle était réservée pour des hommes, je m'étais attendue à la voir occupée par des citoyens catholiques d'un âge mûr, rassemblés de tous les quartiers de la ville et peut-être aussi de la campagne, pour venir entendre le célèbre prédicateur; mais, à ma surprise, j'y vis affluer, au contraire, des flots de jeunes gens mis dans le dernier goût, et tels que je n'en avais encore vus qu'un petit nombre aux cérémonies religieuses auxquelles j'avais jusqu'alors assisté. Il y avait bien parmi eux quelques hommes plus âgés, mais la grande majorité n'avait pas trente ans. Il me fut impossible de comprendre la cause de ce phénomène; mais pendant que je me tourmentais pour trouver le moyen d'éclaircir ce qui me paraissait si extraordinaire, le hasard amena près de moi un voisin communicatif.

Il n'y a pas de lieu au monde où il soit aussi facile qu'à Paris, d'entrer en conversation avec un étranger. Il existe dans tous les rangs, un désir plein de courtoisie, de se communiquer les uns aux autres, qui rend extrêmement aisé de connaître les opinions des personnes de toutes les classes. Nous vivons d'ailleurs dans un temps particulièrement favorable à ces communications; une grande liberté d'exprimer des opinions de toute espèce formant un des traits principaux des mœurs actuelles de Paris.

On assure que rien n'est plus difficile que d'obtenir une réponse courte et précise d'un Irlandais. D'un Français c'est tout-à-fait impossible. Quand la réponse ne contiendrait au fond que le sens des seuls mots : « je ne sais pas; » elle est toujours donnée avec un ton et une tournure de phrase qui empêchent que l'on ne s'aperçoive de ce qu'elle a de vague, et laisse dans l'agréable persuasion que la personne à qui l'on s'est adressé aurait volontiers été plus explicite si elle l'avait pu, et qu'en outre, elle serait heureuse de toute autre question que l'on voudrait lui faire, sur quelque sujet que ce fût.

Ayant fait un léger mouvement avec ma chaise, pour faciliter le placement des longues jambes d'un voisin à cheveux blancs, il saisit cette occasion pour ajouter à son « mille pardons, madame! » une observation sur le tort que l'on avait eu de réserver toutes les meilleures places pour les hommes. C'était, à la vérité, ajouta-t-il, un arrangement bien opposé à la galanterie habituelle des Parisiens; mais, selon toute apparence, on s'y était décidé pour épargner aux dames l'inconvénient de se trouver au milieu de la foule de *jeunes gens* qui venaient constamment entendre l'abbé Lacordaire.

« Je n'ai, en effet, jamais vu autant de jeunes gens dans une église, » répondis-je, dans l'espoir qu'il m'expliquerait ce mystère; mais voici quelle fut sa réplique :

« La religion catholique n'a jamais eu autant

de chance de s'étendre sur toute la terre qu'en ce moment. Le royaume d'Irlande ne tardera pas à être pleinement réconcilié avec le siége de Rome. Il ne lui reste plus qu'à suivre l'exemple que nous lui avons donné dans nos grandes journées, et à placer un prince de son choix sur le trône. »

Il nous croyait bien certainement des catholiques irlandais. La patience exemplaire avec laquelle nous attendions le sermon du nouvel apôtre ne pouvait guère s'expliquer d'une autre façon. Je ne cherchai point à le détromper ; mais, désirant le ramener sur l'assemblée dont nous étions entourés, je lui dis :

« S'il en faut juger par la foule réunie dans cette église, Paris du moins est devenu bien plus dévot qu'il y a quelques années. »

« Vous n'avez qu'à regarder autour de vous, dit-il avec énergie, pour reconnaître que la France d'aujourd'hui n'est plus la France de 1809. Elle est heureusement devenue profondément et sincèrement catholique. Elle cherche de nouveau dans son clergé ses orateurs, ses grands, ses hauts dignitaires. Elle donnera peut-être encore des cardinaux à Rome, et Rome donnera encore peut-être un ministre à la France. »

Je ne savais comment répondre à cette tirade, et je crois qu'il commençait à soupçonner qu'il s'était trompé dans ses conjectures sur notre compte ; car, après avoir gardé le silence pendant quelques minutes, il se leva, et quittant la place dans laquelle il avait trouvé moyen de se glisser, non sans peine, il disparut dans la foule; mais je le revis, avant de sortir de l'église, debout sur les marches de la chaire.

La chaise qu'il avait abandonnée fut sur-le-champ occupée par une personne, que j'avais déjà remarquée debout non loin de nous. S'étant probablement aperçue que nous étions d'humeur assez parlante, elle entra immédiatement en conversation avec nous :

— « Avez-vous jamais rien vu, nous dit ce nouveau voisin, qui puisse se comparer à la vogue que cet homme a obtenue? Regardez ces *jeunes gens*, madame.... ne se croirait-on pas à une première représentation ? »

— « On se trompe beaucoup, répondis-je, si l'on prétend que les jeunes gens de Paris ne sont pas au nombre de ses *fidèles*. »

« Regardez-vous donc leur présence ici comme une preuve de leur piété? » demanda mon voisin avec un sourire.

— « Certainement, monsieur. Quelle autre explication pourrais-je en donner? »

— « Je conçois cela.... une étrangère doit en tirer cette conclusion.... mais un homme qui connaît Paris.... »

Il sourit de nouveau d'une manière très expressive, puis il ajouta après une courte pause :

« Soyez bien sûre que si un homme doué d'autant de talent et d'éloquence que l'abbé Lacordaire débitait chaque semaine un discours en faveur de l'athéisme, ces mêmes jeunes gens viendraient l'écouter avec tout autant d'empressement. »

« Une fois peut-être par curiosité, dis-je; mais il me paraît inconcevable qu'ils voulussent prêter l'oreille, régulièrement pendant plusieurs mois, à des argumens contraires à leurs opinions. »

— « Et cela n'en est pas moins exact. Toute personne qui trouve moyen d'acquérir à Paris une réputation de talent, de quelque nature qu'il soit, peut être assuré que les *jeunes gens* courront après lui pour le voir et l'entendre. Ils se croient, de droit imprescriptible, les seuls arbitres et distributeurs de la renommée intellectuelle ; et quelque éloignée de leurs occupations habituelles que soit la direction que prend ce talent, ils sont convaincus qu'eux seuls pourront mettre le sceau à la réputation à laquelle il aspire. »

— « Ils reconnaissent par conséquent, au moins, que les paroles de l'abbé ont de la puissance, sans quoi ils ne lui accorderaient pas leurs suffrages. »

— « Ils reconnaissent sans doute que ses paroles ont de l'éloquence ; mais si par puissance vous entendez le pouvoir de convaincre ou de convertir, je puis vous assurer qu'ils ne l'admettent en aucune façon. Non-seulement je crois que tous ces jeunes gens sont des incrédules, mais je suis convaincu qu'il n'y a pas un d'entre eux sur dix, qui mette la moindre confiance dans l'orthodoxie de l'abbé lui-même. »

— « Mais de quel droit en douteraient-ils?... On ne lui permettrait certainement pas de prêcher dans Notre-Dame, où l'archevêque lui-même l'écoute et le juge, s'il n'était pas orthodoxe. »

— « J'ai été en pension avec lui : c'était un enfant vif et plein d'esprit, et dès-lors il annonçait une ame peu crédule et peu disposée à se soumettre à des doctrines qui lui paraîtraient embarrassantes. »

— « Il me semble que cette circonstance même offre la plus grande preuve de sa sincérité actuelle. Enfant, il doutait; homme, il croit. »

— « Ce n'est pourtant pas là ce qu'on dit.... Mais écoutez la sonnette, la messe va commencer. »

En effet, le son de l'orgue se fit entendre; les voix retentirent; et au bout de quelques minutes nous vîmes l'archevêque, entouré de son magnifique cortége, venir poser le Saint-Sacrement sur l'autel.

Dans l'intervalle qui s'écoula entre la fin de la messe et le moment où l'abbé Lacordaire parut dans la chaire, mon voisin le sceptique prit encore la parole :

« Espérez-vous que ce que vous allez entendre vous enchantera? me demanda-t-il. »

« Je ne sais vraiment ce que je dois espérer, répondis-je ; il me semble que j'avais une bien plus haute idée de ce prédicateur avant de vous avoir parlé. »

— « Vous verrez qu'il a une abondance extraordinaire de paroles, une gesticulation très véhémente, et un débit très passionné. C'était là précisément ce qu'il fallait pour établir sa réputation d'éloquence parmi les *jeunes gens*. »

— « Il me paraît que vous ne souscrivez pas à l'arrêt prononcé par ces critiques imberbes. »

— « Au contraire, je reconnais que cet homme a acquis une grande réputation. Mais quoique tous les talens de Paris aient depuis long-temps consenti à recevoir la couronne de lauriers de la main des *jeunes gens*, il ne serait guère raisonnable de croire que leur jugement fût aussi profond que leur pouvoir est grand. »

— « Votre soumission à ce synode sans expérience est fort extraordinaire. Je ne saurais la comprendre. »

« Cela ne m'étonne pas, dit-il en riant, c'est une mode tout-à-fait parisienne; mais il paraît que tout le monde se trouve bien de ce que cela est ainsi. Si une nouvelle comédie se joue, ce sont les *jeunes gens* qui décident de son sort. Si un tableau est exposé, ce sont eux qui fixent le rang qu'il doit tenir parmi les ouvrages de l'école moderne. Qu'un danseur, un chanteur, un acteur, un prédicateur s'élève; qu'un nouveau député monte à la tribune, ou un nouveau prince sur le trône; ce sont toujours les *jeunes gens* qui les jugent; et leur arrêt est cité avec une déférence dont un étranger ne saurait se faire une idée. »

« Chut!... chut!... se fit entendre en ce moment près de nous, le voilà! »

Je jetai les yeux du côté de la chaire, mais elle était encore inoccupée, et en regardant autour de moi, je m'aperçus que tous les regards étaient dirigés vers une petite porte dans la galerie septentrionale, presque immédiatement derrière nous.

« Il est entré là, » dit une jeune femme d'un ton qui semblait indiquer un sentiment plus profond que celui du respect, et qui pouvait approcher même de l'adoration. Ses yeux, de même que ceux de plusieurs autres personnes, demeurèrent fixés sur cette porte jusqu'à ce qu'elle s'ouvrît, et qu'un jeune homme d'une taille élancée, dans le costume de prédicateur, s'y présentât. Un huissier lui fraya un chemin à travers la foule, laquelle toute épaisse qu'elle était, s'ouvrit pour le laisser passer, avec plus de docilité que si une compagnie de cavalerie se fût présentée pour la disperser.

Le plus profond silence accompagna sa marche. Jamais je n'avais vu de démonstration de respect aussi frappante, et pourtant on m'assure que les trois quarts de Paris regardent cet homme comme un hypocrite!

Quand il fut monté en chaire, et pendant qu'il se préparait par une prière muette au devoir qu'il allait remplir, un mouvement eut lieu dans le haut du chœur, et bientôt l'archevêque, suivi de son magnifique cortége de clergé, s'avança vers la partie de la nef qui est directement en face du prédicateur. Quand ils arrivèrent aux places qui leur étaient destinées, chacun s'assit sans bruit à celle que son rang lui assignait, pendant que toute l'assemblée se tenait respectueusement debout.

Admire un si bel ordre, et reconnais l'église.

Il m'est plus aisé de vous décrire tout ce qui précéda le sermon, que le sermon lui-même. C'était un tel flux de paroles, un si rapide torrent de déclamation passionnée, qu'avant d'en avoir entendu assez pour juger la matière du discours, je me sentis toute disposée à préjuger la personne du prédicateur, et je soupçonnai que son sermon m'offrirait plutôt les fleurs de la rhétorique humaine, que la simplicité de la vérité divine.

La violence de ses gestes me causa d'ailleurs une répugnance extrême. Les mouvemens rapides et continuels de ses mains qui s'agitaient tantôt seules, tantôt les deux à la fois, me rappelèrent les ailes d'un oiseau mouche, si ce n'est que le bourdonnement que font entendre d'ordinaire ces ailes ne partait pas cette fois-ci de l'oiseau, mais des auditeurs. A chaque pause qu'il faisait, et ces pauses étaient fréquentes, et *faites exprès*, à la manière des mauvais acteurs qui quêtent des applaudissemens, à chacune des pauses, dis-je, un petit murmure approbatif se faisait entendre dans la foule.

Je me rappelle d'avoir lu quelque part l'histoire d'un prêtre, d'une haute noblesse, qui mettait tant d'importance à ce que ses auditeurs conservassent pour lui le profond respect qu'il se croyait en droit d'exiger, que toutes les fois qu'en prêchant il leur adressait la parole, c'était toujours dans ces mots : « *Canaille chrétienne !* » C'était bien mal sans doute, mais je ne sais si celui de *messieurs*, dont se sert l'abbé Lacordaire, n'est pas tout aussi inconvenant dans la bouche d'un pasteur chrétien. Cette apostrophe mondaine a été répétée sans cesse pendant tout le discours, et je suis convaincue qu'elle a contribué à l'effet désagréable que m'a causé son éloquence. Je ne crois pas avoir jamais entendu de prédicateur qui m'ait fait moins de plaisir, et que j'aie moins admiré que ce saint de Paris. Il fit plusieurs allusions très claires à la renaissance de l'église catholique en Irlande, et prononça très cordialement anathème contre ceux qui s'y opposeraient.

En décrivant les deux heures qui précédèrent la messe, j'ai oublié de vous dire que plusieurs jeunes gens, non pas de ceux qui se trouvaient dans les places réservées dans le chœur, mais de ceux qui nous entouraient, passèrent le temps à lire. Quelques-uns des volumes qu'ils tenaient avaient tout l'air de romans sortis d'un cabinet de lecture, tandis que d'autres étaient évidemment des recueils de chansons, bien *spirituelles* sans doute, mais qui n'avaient rien de *spirituel*.

L'ensemble me découvrit une nouvelle page de l'histoire de *Paris tel qu'il est;* et je ne regrette point d'après cela les quatre heures qu'il m'a coûté; mais une fois suffit; je n'irai certainement pas entendre de nouveau l'abbé Lacordaire.

LETTRE XLVI.

La Tour de Nesle.

Il y a, je crois, environ deux ans que le drame très extraordinaire, intitulé *la Tour de Nesle*, me fut envoyé, afin que sa lecture me donnât une idée de l'extravagance de l'école dramatique qui s'était emparée des théâtres de Paris.

Je ne m'attendais certes pas que cette pièce resterait assez long-temps au répertoire, et continuerait à être vue avec assez de plaisir par les habitans de cette capitale, si vaste et si éclairée, pour que je pusse assister, après deux ans, à sa représentation dans une salle bien garnie.

On ne saurait nier que ce ne soit là une honte pour la nation; mais la cause en est moins dans le manque de goût de la part du public que dans la déplorable erreur du gouvernement qui souffre que tous les genres de vices et d'abominations soient mis sans aucune restriction ou empêchement quelconque, sous les yeux du peuple qui s'imagine par là jouir d'un privilége désirable et d'une réelle liberté. Et pourtant dans cette même France la loi défend de vendre des drogues nuisibles. Il n'y a pas de logique en ceci.

Il est cependant incontestable, ainsi que je crois l'avoir déjà dit, que les classes les plus honnêtes de la société de Paris protestent contre cette licence dégoûtante, et évitent, par un principe qu'elles proclament et avouent hautement, soit de lire, soit de voir jouer ces détestables compositions; aussi quoique les nombreux spectateurs qui accourent toutes les fois que ces pièces se jouent prouvent avec trop d'évidence que ces classes honnêtes ne forment qu'une faible minorité, il n'en est pas moins vrai que leur opinion suffit, ou devrait du moins suffire pour épargner au pays la honte de regarder de pareilles horreurs comme des beautés.

Il paraît que nous nous piquons beaucoup

de la supériorité de notre goût à cet égard; mais nous devrions plutôt nous vanter de notre censure théâtrale. Si jamais les clameurs des partisans du désordre parvenaient à faire abolir cette salutaire contrainte, nous ne tarderions pas, je le crains, à nous voir enlever le privilége de critiquer nos voisins sur ce point.

En attendant, il nous est encore permis de sourire un peu en lisant le jugement que M. de Saint-Foix porte de nos compositions théâtrales, comparées à celles de la France.

« Les actions de nos tragédies, dit-il, sont
« pathétiques et terribles; celles des tragédies
« anglaises sont atroces; on y met sous les
« yeux du spectateur les objets les plus terri-
« bles : un mari qui discourt avec sa femme, qui
« la caresse et l'étrangle. »

Ne croirait-on pas que l'auteur de ce passage venait d'assister à la fameuse scène du *Monomane*, et qu'il l'avait pris, par erreur, pour une pièce anglaise?

Mais il continue :

« Une fille toute sanglante... » (la fille de

Triboulet, par exemple)... « après l'avoir violée... »

Puis il raisonne fort justement, à mon avis, sur ce sujet, pourvu toutefois que nous écrivions partout Angleterre pour France, et France pour Angleterre.

« Il n'est pas douteux que les arts agréa-
« bles ne réussissent chez un peuple qu'au-
« tant qu'ils en prennent le génie, et qu'un
« auteur dramatique ne saurait espérer de
« plaire si les objets et les images qu'il pré-
« sente ne sont pas analogues au caractère,
« au naturel et au goût de la nation. On pour-
« rait donc conclure de la différence des deux
« théâtres que l'ame d'un Anglais est sombre,
« féroce, sanguinaire; et que celle d'un Fran-
« çais est vive, impatiente, emportée, mais gé-
« néreuse, même dans sa haine; idolâtrant
« l'honneur »... (sans doute comme ce Buridan, dans ce même drame de *la Tour de Nesle*, ouvrage si goûté de la *jeune France*, de la *France régénérée*), « idolâtrant l'honneur et ne cessant
« jamais de l'apercevoir, malgré le trouble et
« toute la violence des passions. »

Quoiqu'il ne soit pas possible de lire sans sourire ce passage, dans un moment où il est si facile aux Anglais de rétorquer contre ce patriotique écrivain ses propres paroles ; malgré cela, dis-je, il faut gémir en songeant au déplorable changement qui a eu lieu dans le sentiment moral de la France révolutionnée, depuis l'époque où ce passage a été écrit.

Que dirait Saint-Foix de l'idée que Victor Hugo a fait trembler la terre sous les pieds de Corneille et de Racine? Mais il a répondu d'avance à cette question dans un court passage de ses *Essais historiques sur Paris*, où il s'exprime ainsi :

« Je croirais que la décadence de notre na-
« tion serait prochaine, si les hommes de qua-
« rante ans n'y regardaient pas Corneille comme
« le plus grand génie qui ait jamais été. »

Si l'ame de cet historien revenait sur la terre et planait au-dessus d'un groupe de critiques parisiens, condamnant son auteur favori, il retournerait probablement au séjour des ombres, fort content d'eux: car comme il entendrait répéter d'une voix unanime : « Rococo !

rococo! rococo! » il s'imaginerait sans doute que c'est un mot nouveau, inventé pour exprimer le plus laconiquement possible le plus haut point de respect, d'admiration et de plaisir.

Mais pour en revenir à *la Tour de Nesle*, le sujet de cette pièce est pris d'un passage des *Femmes galantes*, de Brantôme, où il dit qu'*une Reine de France*, que toutefois il ne nomme pas, mais que l'on prétend avoir été Marguerite de Bourgogne, femme de Louis X, « se tenoit
« là (à la Tour de Nesle), d'ordinaire, laquelle
« fesant le guet aux passants, et ceux qui lui
« revenoient et lui agréoient le plus, de quel-
« que sorte de gens que ce fussent, les fesoit
« appeler et venir à soy, et après... les fesoit
« précipiter du haut de la tour en bas, en l'eau,
« et les fesoit noyer. Je ne veux pas, conti-
« nue-t-il, assurer que cela soit vrai, mais vul-
« gaire; au moins la pluspart de Paris l'affirme,
« et n'y a si commun, qu'en lui monstrant la
« tour seulement, et en l'interrogeant, que de
« luy-mesme ne le dise. »

On pouvait penser que cette histoire était

déjà par elle-même suffisamment horrible et dégoûtante ; mais MM. Gaillardet et *** (ce sont là les noms que porte l'affiche), en ont jugé autrement ; en conséquence, ils ont introduit dans la pièce les sœurs de Sa Majesté, mesdames Jeanne et Blanche de Bourgogne, qui avaient aussi épousé des fils de Philippe-le-Bel, père de Louis X, pour prendre part à ses orgies nocturnes, et conformément à l'usage adopté aujourd'hui parmi les auteurs dramatiques en France, ils ajoutent l'inceste pour augmenter l'intérêt du drame.

En voilà assez et même trop, sur ce qui regarde l'intrigue ; quant à l'exécution ou au dialogue, tout ce que j'en puis dire, c'est que, littérairement parlant, il est à peu près à la hauteur des traductions des *libretti* qui se vendent dans la salle de l'Opéra. La pièce est en prose, et à mon avis, en prose très commune ; et pourtant elle est, non-seulement au courant du répertoire, mais encore on m'assure que la brochure s'est vendue et se vend encore en nombre prodigieux.

Qu'une histoire terrible et même dégoûtante,

parée de tout le luxe d'une poésie majestueuse, et rachetée en quelque sorte par les nobles sentimens des personnages qui paraissent sur la scène, qu'un drame ainsi composé, puisse captiver l'imagination, tout en révoltant le cœur, rien n'est plus possible, plus naturel, et ne saurait être un sujet de reproche pour le poète.

Les tragédies classiques qui pendant longtemps ont servi de modèles à la France, abondent en fables de ce genre. Alfieri aussi s'en est servi, et, en vrai poète, il a peint l'inflexible destinée, effrayante par son horreur, mais sublime par le pathétique et la dignité. De la même manière, les grands écrivains dramatiques de France ont triomphé, par le pouvoir de leur génie, à la fois du dégoût qu'inspiraient ces affreux mystères classiques, et de l'inflexible sévérité des lois que leurs antiques modèles avaient prescrites pour leur composition.

Si nous trouvons que le goût, sous le rapport du sujet, ait été fautif, la grâce, la majesté, la dignité de la marche tragique, dans tout le cours de l'action, les sentimens élevés, les nobles élans de passion, les beaux vers dont tout était revêtu, doivent nécessairement exciter notre admiration au point d'égaler presque celle que nous fait éprouver la liberté complète et enchanteresse de nos drames nationaux.

Mais que devons-nous penser de ceux qui, après avoir compulsé les pages de l'histoire, afin de découvrir tout ce qu'elle renferme de plus révoltant pour l'ame humaine, se mettent tranquillement à la diviser en scènes et à l'arranger pour le théâtre, en exagérant à l'excès les détails les plus horribles? Leur unique but est d'exciter la curiosité de leurs concitoyens, et par ce moyen de leur faire contempler des scènes dont la vertu devrait s'éloigner avec horreur et dont le seul aspect flétrit et tue l'innocence. Là pas une pensée de remords ou de repentir, pas un éclair de vertu auquel le cœur puisse se rattacher; pas une étincelle de nobles sentimens, rien que le vice, le vice dans toute sa bassesse, dans toute sa brutalité; depuis le moment où la toile se lève, pour montrer aux regards cet obscène spectacle, jusqu'à ce qu'elle se baisse, laissant d'un côté des infamies imaginaires, et de l'autre une tache de véritable impureté.

Pendant que je contemplais cette hideuse scène, et que je rappelais à mon souvenir les classiques horreurs des auteurs tragiques grecs et de leurs illustres imitateurs, je ne pus m'empêcher de me dire que l'œuvre de MM. Gaillardet et *** ressemblait beaucoup à celui d'un singe cherchant à imiter les actions d'un homme. Il saisit les mêmes outils, mais les tourne dans le mauvais sens, et au lieu d'élever un monument majestueux qui honore le génie humain, il roule ses matériaux dans la boue, salit ses propres mains, et souille tous les passans par les ordures qu'il a ramassées.

De pareils singes devraient être liés pour les empêcher de nuire.

Il n'est pas possible de croire que des drames tels que *la Tour de Nesle* aient été composés dans l'intention de produire un grand effet tragique, seul motif pour lequel il puisse être permis de mettre le crime et le malheur sous les yeux du public. Il y a dans le cœur de presque tous les hommes un amour étrange pour les scènes d'effroi et de douleur. Nous aimons à sentir réveiller nos sympathies, exciter nos sensations les plus profondément cachées ; nous aimons à étudier dans le miroir magique de la scène ce que nous éprouverions nous-mêmes si des infortunes aussi terribles venaient nous accabler ; on ne saurait exprimer l'intérêt que nous trouvons à nous dire que, si telle chose nous arrivait, ce serait ainsi que nous agirions, que nous sentirions, que nous souffririons, que nous mourrions. Mais y a-t-il un lieu sur la terre où il existe un être assez abandonné, assez vil, pour sympathiser avec un seul des sentimens, une seule des scènes de *la Tour de Nesle ?* Il faut prier le ciel qu'il ne s'en trouve pas.

J'ai entendu parler de poètes qui ont écrit sous l'inspiration de l'eau-de-vie et du laudanum, dont les vapeurs n'ont certes pas dû leur présenter des images bien distinctes ou bien belles ; mais l'inspiration qui dicta *la Tour de Nesle* était sans doute plus vile encore, quoique non moins puissante. C'était apparemment le cruel calcul du nombre de pièces de cinq francs qu'il serait possible de tirer de la poche des oisifs, par un spectacle que son atrocité rendait neuf, et sa nouveauté attrayant.

Mais, mettant de côté pour un moment le crime et le scandale qu'il peut y avoir à exposer sur un théâtre public, un être semblable à la femme à qui MM. Gaillardet et *** ont trouvé bon de donner le nom de Marguerite de Bourgogne, il pourra être assez curieux d'examiner le mérite littéraire d'une pièce qui, tant sur le théâtre que dans le cabinet, a été accueillie par des milliers, que dis-je? des millions peut-être de citoyens de la *grande nation*, comme un ouvrage digne de leur protection et de leur suffrage. Remarquez que l'époque pendant laquelle ils ont suivi et applaudi cet ouvrage a été une époque où l'esprit humain toujours en progrès, a marché vers le perfectionnement et avec plus de rapidité que jamais, une époque pendant laquelle la *jeune France*, rejetant son costume suranné, s'est efforcée de revêtir un éclat encore inconnu. Durant cette époque elle a déposé d'un côté son Corneille jadis vénéré, son Racine autrefois l'objet d'un culte. Molière n'est plus nommé que comme une belle pièce d'antiquité, et Voltaire lui-même, en dépit de ses droits à leurs affections révolutionnaires, est presque honni pour avoir dit d'un de ces hommes que Victor-Hugo a renversés, qu'ils « enseignèrent à la nation à penser, à sentir, à s'exprimer; leurs auditeurs, instruits par eux seuls, devinrent enfin des juges sévères pour ceux-mêmes qui les avaient éclairés. »

Toute personne de qui la raison n'est pas bouleversée par la fièvre et le délire de l'innovation, n'a qu'à se demander, en lisant *la Tour de Nesle*, si elle y trouve une seule scène, un seul discours, une seule phrase qui mérite le suffrage que Paris lui a accordé. Le dialogue se recommande-t-il soit par la dignité, soit par l'esprit, soit par la vérité, soit par le naturel? Y a-t-il dans tout le cours des cinq actes un seul sentiment avec lequel un honnête homme puisse sympathiser? Y a-t-il même dans les tableaux une apparence de grâce ou de beauté? Les scènes sont-elles disposées avec art? Les personnages, ou pour mieux dire les démons que MM. Gaillardet et *** ont rassemblés, conservent-ils du moins leur caractère jusqu'à la fin? En un mot, cette pièce offre-t-elle un seul genre de mérite, si ce n'est d'être un outrage perpétuel à la décence et au bon sens?

Si parmi les hommes de la France, je ne parle pas de ces adolescens, petits enfans gâtés de la vieille révolution ; si, dis-je, parmi ces hommes il en reste quelques-uns qui déplorent cette éclipse de sa gloire littéraire, n'est-il pas triste de penser qu'ils soient forcés de la tolérer, de peur d'être envoyés à Ham pour avoir porté atteinte à la liberté de la pensée?

Il est impossible d'assister à la représentation d'une de ces infames pièces sans reconnaître, en jetant les yeux autour de la salle, quels sont ses protecteurs et ses soutiens. Le jour que nous vîmes jouer *la Tour de Nesle*, il y avait, non loin de nous, trois jeunes gens d'une tournure tout-à-fait républicaine, et dont le costume était à l'avenant. Ils relevaient la tête et aspiraient l'air théâtral de la *jeune France*, comme s'ils eussent senti qu'ils devaient être ses maîtres; et il est incontestable que rien d'absurde et d'inconvenant ne s'est fait ou débité sur le théâtre, qu'ils n'aient accueilli par des marques toutes particulières d'approbation et d'admiration.

En attendant, leur regard indiquait une détermination si insolente d'être absurdes, que je suis persuadée qu'ils sentaient eux-mêmes tout le ridicule des choses qu'ils applaudissaient, et que par conséquent ces jeunes fous n'étaient pas tout-à-fait aussi sots qu'ils cherchaient à le paraître. Mais il faut convenir pourtant qu'il est de bien mauvais ton d'affecter un vice que l'on n'a pas, et que cette hypocrisie est pour le moins aussi détestable que toute autre.

Dans quelques mille ans d'ici, si des amateurs de vieux bouquins conservent des recueils de drames français d'aujourd'hui, il est possible qu'en laissant aux époques passées les noms qui leur ont été donnés de siècle de fer ou d'or, de siècle d'Auguste ou de la renaissance, celui dans lequel nous vivons recevra la dénomination de siècle diabolique, à moins toutefois que quelque critique charitable ne s'élève pour prendre notre défense et ne propose de l'appeler « le siècle de l'idiotisme. »

LETTRE XLVII.

Le Palais-Royal. — Ses Habitués. — La Famille anglaise. — Les Journaux. — Les Restaurans à quarante sous. La Galerie d'Orléans. — Les Oisifs. — Le Théâtre du Vaudeville.

Quoiqu'en ma qualité de femme vous pourriez croire qu'il est impossible que je prenne aucun intérêt au Palais-Royal, à ses restaurans, à ses boutiques de bijoutiers, de rubans, de jouets d'enfans, etc., etc., et à toute la variété de maux, de misère et de bonne chère, qui s'y élèvent par étages les uns au-dessus des autres, il faut pourtant que je vous en entretienne un peu, car j'ose dire qu'il n'y a pas de lieu dans Paris qui offre un aspect aussi complètement anti-anglais que cette singulière région.

Tous les étrangers qui arrivent à Paris, quels que soient leur sexe, leur âge, leur rang ou leur fortune, vont dès le premier jour visiter le Palais-Royal. Mais quoique beaucoup d'entre eux n'y restent, hélas! que trop long-temps, il y en beaucoup d'autres qui, selon moi, n'y restent pas assez; quand même, en faisant le tour des galeries, l'attention n'aurait pas été un seul instant distraite, l'œil le plus prompt ne pourrait saisir tous les groupes caractéristiques, pittoresques et comiques, mais par-dessus tout nationaux, qui ne cessent d'y flotter pendant vingt heures au moins sur les vingt-quatre. Je sais que le Palais-Royal est une étude qu'il serait à la fois difficile, dangereux et désagréable de trop approfondir; ce n'est pas là non plus mon intention. Sans monter au faîte de ses bâtimens ou descendre dans leurs souterrains, il y a assez d'objets destinés à frapper les regards de tous les hommes et même de toutes les femmes, qui peuvent fournir suffisamment de matière à mes observations; et pour le reste, il vaut mieux ne pas s'en occuper.

Mais il faudrait avoir le talent de Hogarth pour décrire les différens groupes avec toutes leurs petits épisodes caractéristiques qui rendent le Palais-Royal si amusant. Ces groupes ne se composent, à la vérité, que de Parisiens et d'étrangers qui viennent visiter *la belle ville* afin d'en voir toutes les curiosités et de s'y faire voir à leur tour ; mais malgré cela ce serait en vain que vous chercheriez autre part une réunion d'êtres humains aussi singuliers que ceux que vous êtes sûr de trouver dans tous les coins du Palais-Royal.

J'ignore comment cela se fait, mais il est certain que chaque personne que vous rencontrez ici semble être un objet digne de vos remarques ; si c'est un élégant, habillé dans le dernier goût, l'imagination le suit immédiatement jusque dans un salon de jeu ; et si l'on a le cœur compatissant, on gémit en songeant aux malheurs qu'il se prépare. Si c'est, au contraire, un personnage à moustaches, à demi distingué, aux yeux grands, noirs, enfoncés, roulant autour de lui pour voir s'il ne trouve personne à dévorer, vous pouvez être aussi sûr que lui encore va monter dans un salon, que vous le seriez en voyant un homme tenant à la main une ligne, qu'il va à la pêche. Cette jolie soubrette bien chaussée, avec un tablier de foulard, et qui porte évidemment quelques francs noués dans le coin de son mouchoir, ne savons-nous pas que si elle examine avec soin toutes les boutiques de bijoutiers, c'est pour voir où elle trouvera des boucles d'oreilles qui lui plairont et pour lesquelles elle dépensera trois mois de ses gages?

Nous ne devons pas oublier, et d'ailleurs le pourrions-nous, cette famille composée de nos compatriotes qui vient d'entrer dans la galerie d'Orléans; il y a le père, la mère, les filles.... Qu'il est facile de deviner leurs pensées et presque leurs paroles. Le père marchant d'un pas grave, déclare que cette galerie formerait une superbe Bourse. Il n'a pas encore vu la Bourse de Paris. Il lève les yeux, fait un ou deux pas en avant, et mesure de l'œil l'espace de tous les côtés; puis s'arrête, et dit peut-être à la majestueuse dame qu'il tient sous le bras et dont les yeux, pendant ce temps, errent parmi les châles, les gants, les flacons d'eau de Cologne, la porcelaine de Sèvres, tantôt d'un côté, tantôt de l'autre : « Ceci n'est pas mal bâti; c'est léger et vaste; la largeur est très considérable pour un toit qui a l'air si peu solide... mais pourtant cela peut-il se comparer au pont de Waterloo ? »

Deux jolies filles aux joues rosées, aux yeux de colombes, aux cheveux ressemblant à l'aurore et retombant en boucles innombrables, au point de cacher presque leurs regards curieux mais craintifs, précèdent leurs parens; avec une aimable timidité elles s'arrêtent quand ils s'arrêtent, et marchent quand ils se remettent à marcher; mais elles n'osent rien regarder, car quoique leurs regards baissés ne semblent pas s'en apercevoir, ne savent-elles pas que ces jeunes gens aux cheveux, aux impériales et aux favoris noirs, ont les yeux fixés sur elles?

De même qu'aux Tuileries, il y a ici aussi de petits pavillons destinés à satisfaire la soif insatiable de politique, et ici encore nous avons pu distinguer l'infortuné champion de la branche aînée des Bourbons, sûr de trouver de la consolation dans sa fidèle *Quotidienne* et de la sympathie dans *la France*. L'aigre républicain vient selon sa coutume s'emparer avec un regard sombre du *Réformateur*, pendant que le confortable doctrinaire sort du café Véry, ruminant sur le *Journal des Débats* et sur les chances de ses spéculations chez Tortoni ou à la Bourse.

Ce fut en nous promenant autour des galeries que nous remarquâmes les personnages que je viens de décrire, et plusieurs autres encore trop nombreux pour pouvoir les citer. Ce jour-là nous avions projeté de satisfaire notre curiosité en dînant, non pas chez Véry ou chez quelque autre artiste d'une réputation également européenne, mais *tout bonnement* dans un restaurant *à quarante sous par tête*. Après avoir fait le tour des galeries, nous montâmes au numéro... je ne sais plus lequel, mais c'était dans une maison que l'on nous avait particulièrement recommandée pour y faire notre coup d'essai. Le spectacle qui s'offrit à nous, lorsque nous entrâmes précédés d'une longue file de personnes, fut aussi amusant qu'il était neuf pour nous tous.

Je ne dis pas que je dînerais avec plaisir trois fois par semaine au Palais-Royal, à quarante sous par tête; mais je puis bien dire que je serais bien fâchée si je n'y avais pas dîné une fois, et que je désire de tout mon cœur y dîner une seconde.

Le repas fut très bon et aussi varié que nous pûmes le désirer, chaque personne ayant le droit de choisir trois ou quatre *plats* sur une *carte* qui prendrait une journée entière à lire avec attention. Mais pour nous le dîner fut la partie la moins intéressante de cette expédition. La nouveauté du spectacle, le grand nombre d'étranges figures, la parfaite aménité et le bon ton qui régnaient parmi toutes les personnes présentes, nous faisaient jeter les yeux autour de nous avec un intérêt et une curiosité qui nous firent presque oublier la cause ostensible de notre visite.

Dans le nombre des dîneurs, il y avait plusieurs Anglais, surtout des hommes, et quelques Allemands avec leurs femmes et leurs filles; mais la majorité se composait de Français; et d'après plusieurs petites discussions au sujet de places qui leur étaient réservées et que l'on avait laissé prendre, et quelques paroles d'intelligence qu'ils échangèrent avec les garçons, il était facile de voir que c'étaient pour la plupart des personnes habituées à y dîner tous les jours. Que ce mode d'existence est étrange, et qu'il est inconcevable à l'esprit d'un Anglais!..... Cependant mettant de côté l'habitude et peut-être même le préjugé, il n'est pas difficile de s'apercevoir qu'il a ses avantages. En premier lieu, il n'y a pas d'économie au monde, pas même celle de Mistress Primrose, au moyen de laquelle un homme pourrait dîner chez lui aussi bien qu'il le fait dans un de ces restaurans. On calcule sur cinq ou six cents personnes par jour, nombre moyen; et mille à douze cents francs d'argent comptant, aidés du talent des cuisiniers français, peuvent, je n'en doute pas, fournir à dîner à toutes ces personnes et laisser peut-être encore quelque bénéfice. Ajoutez à cela que la vente du vin est, je crois, considérable. Il faut pourtant déduire une partie de la recette pour l'intérêt du capital de la première mise. Il faut une argenterie considérable, non seulement pour les couverts dont il serait difficile de calculer le nombre, mais encore pour les tristes tasses dans lesquelles on sert le potage.

A tout prendre cependant je comprends plus facilement la possibilité de fournir journellement cinq cents dîners à deux francs par tête dans un de ces établissemens, que de trouver cinq cents personnes par jour pour les consommer. Il existe plus de mille de ces maisons dans Paris, et toutes sont constamment pleines. Mais cette manière de vivre, si peu naturelle pour nous, paraît toute simple et même indispensable aux Français. Il font tout cela si bien, si agréablement! Imaginez pour un moment le ton qui régnerait dans une pareille salle à manger à Londres. Je ne prétends pas même exiger qu'elle soit fixée à un prix aussi modique. Allons beaucoup au-delà. Supposons un établissement où hommes et femmes dîneraient à cinq schellings ou six francs par tête. Quel bruit, quels discours véhémens sans avoir rien de social, s'y feraient entendre! sans compter le peu de probabilité qu'un pareil lieu, s'il était réellement et de bonne foi ouvert au public, pût conserver la décence convenable à la présence des femmes, pendant huit jours seulement.

Mais ici, tout était aussi décemment et aussi

convenablement arrangé que si chaque petite table avait été placée avec sa petite société séparée, dans un salon particulier, à l'hôtel Mivart. Il est juste d'après cela, que, tout en nous félicitant de la susceptibilité délicate qui fait que nous ne pouvons nous sentir heureux dans la solitude de nos salles à manger, nous avouions toutefois qu'une égale délicatesse, quoique d'un autre genre, doit nécessairement exister parmi des personnes qui, jetées ainsi pêle-mêle les unes parmi les autres, savent conserver et se manifester mutuellement la même déférence et les mêmes égards que nous exigeons de ceux que nous admettons dans le cercle de notre intimité.

A ce restaurant, comme partout ailleurs à Paris, nous trouvâmes une grande facilité à classer nos *gens*. Je suis bien convaincue que nous avions autour de nous plusieurs *employés du gouvernement actuel*, plusieurs *anciens militaires* de Napoléon, plusieurs échantillons de la race distinguée par Louis XVIII et Charles X, et même, si je ne suis pas dans une grande erreur, quelques débris de la Convention et de l'infortuné monarque, sa victime.

Mais pendant cette heure de repos et de bonheur, toutes différences d'opinions paraissent oubliées, et quelque désaccord qu'il puisse y avoir dans leurs sentimens, deux Fraçais ne peuvent se trouver assis à côté l'un de l'autre à table, sans échanger de nombreuses civilités et sans entamer à la fin une conversation, si bien soutenue et si animée, qu'au lieu de les prendre pour ce qu'ils sont, c'est-à-dire pour des étrangers qui ne se sont jamais vus, nous les croirions, dans notre orgueilleuse timidité, d'intimes amis.

Je ne sais si c'est leur humeur sociable et *causante* qui leur fait préférer de vivre ainsi en public, ou bien si c'est l'habitude de vivre en public qui leur donne cette sociabilité: mais l'une n'est pas moins remarquable que l'autre et toutes deux sont également éloignées de nos mœurs; et je suis persuadée qu'il faut avoir dîné de cette façon à Paris pour savoir combien, dans certains cas, est large la ligne de démarcation qui sépare les deux pays.

Il m'est arrivé, en d'autres occasions, de dîner dans des maisons d'un ordre bien plus élevé, avec le but de découvrir jusqu'où pouvait aller le talent d'un bon cuisinier à Paris; mais ces établissemens n'ont rien offert à mes observations qui, pour l'intérêt et la nationalité, approchât de ce dîner à quarante sous.

En premier lieu, dans un restaurant d'un prix élevé, vous avez plus de chances de rencontrer des Anglais que des Français; et secondement, quand il vous arrive d'y trouver un vrai gourmet de la *grande nation*, vous lui verrez faire dans cette occasion précisément la même chose que vous faites aussi, c'est-à-dire qu'il se donnera la satisfaction de faire *un repas exquis*, au lieu de manger la soupe et le bouilli chez lui, ou tout au plus *un lièvre flanqué de six poulets étiques*. Mais à ce modeste restaurant à deux francs, vous pouvez étudier une page nouvelle de l'existence parisienne, page qui, tout en vous faisant chérir davantage les agrémens de votre foyer anglais, vous offrira un tableau favorable des qualités sociables des habitans de la France. Je crois que si nous pouvions trouver un peuple composé par portions égales des deux nations, il approcherait le plus près possible de la perfection sociale.

Les Français sont en quelque façon trop aimables pour toutes les personnes auprès desquelles ils se trouvent placés. Le sourire enjoué, l'aimable *empressement*, la prompte *causerie*, nous flatteraient bien davantage, si nous ne savions pas qu'ils sont à la disposition du monde entier; tandis que de notre côté nous tombons dans l'excès opposé: toute personne dont nous ne connaissons pas la naissance, la parenté et l'éducation, nous paraît devoir être un juste objet de nos soupçons; et nous évitons soigneusement tout contact avec elle. Les Allemands n'offrent-ils pas par hasard en ceci ce *juste-milieu* qui me paraît si désirable.

Ayant terminé notre repas si peu coûteux par la tasse de café noir de rigueur, nous sortîmes pour faire encore une fois le tour du Palais-Royal, en attendant l'heure de nous rendre au théâtre du Vaudeville, où, vu le voisinage, nous avions résolu de passer le reste de la soirée.

Nous repassâmes par la belle galerie d'Orléans, que nous trouvâmes remplie des dîneurs sortis de tous les restaurans. Cette galerie offre à toute heure un spectacle animé et plein de gaieté, mais dans ce moment surtout qui suit le repas et précède l'ouverture des spectacles, il présente en petit un modèle parfait de cette ville de Paris, si vivante, si riante, si pleine d'aimables oisifs.

Une des raisons qui rend Paris si fort plus amusant que Londres, c'est, je crois, parce qu'il contient, en proportion de sa population, beaucoup plus de personnes qui n'ont rien à faire au monde que de s'amuser eux et les autres. Il y a ici beaucoup plus d'hommes oisifs qui se contentent, pour vivre, d'un revenu que chez nous on regarderait comme à peine suffisant pour payer un loyer; de petits *rentiers* qui préfèrent rester les maîtres de leur temps et s'amuser un peu, que de travailler rudement et de s'ennuyer beaucoup avec beaucoup d'argent. Je ne déciderai pas en faveur de ce plan, une fois que la jeunesse est passée, du moins pour ce qui regarde les personnes elles-mêmes. Il me semble que quand la force, la santé et la gaieté baissent on doit éprouver le besoin d'agrémens peu plus substantiels, alors qu'il est trop tard pour les obtenir. Mais pour tous les autres, pour tous ceux qui forment le cercle autour duquel l'oisif amateur du plaisir voltige avec tant de légèreté, il offre une ressource qui ne leur manque jamais. Que deviendrait toutes les parties de plaisir qui ont lieu à Paris, le matin, le jour et la nuit, si cette race venait à s'éteindre? Mariés ou garçons, ils sont également recherchés, également nécessaires, également bien venus partout où le plaisir fait l'occupation du moment. Chez nous, il n'y a qu'une classe de personnes très peu nombreuses et très privilégiées, qui puisse se permettre d'aller toujours et partout où le plaisir l'appelle; mais en France quand une dame fait les dispositions d'une fête, de quelque genre qu'elle soit, elle n'a jamais besoin de se faire trois fois la question: « Mais quels hommes aurons-nous? »

Il y avait beaucoup de monde au Vaudeville; nous trouvâmes pourtant moyen de nous placer très bien aux secondes loges, d'où nous vîmes, à notre grande satisfaction, trois charmantes petites pièces : « Les Gants jaunes. » —

« Un Premier Amour. » — « Elle est folle. » Cette dernière était de l'école larmoyante et m'amusa beaucoup moins que la folle gaieté des deux premières. Elle fut cependant admirablement bien jouée ; mais, quand je vais voir un vaudeville, c'est toujours avec l'intention de rire, et c'est un grand désappointement pour moi quand ce but est manqué.

LETTRE XLVIII.

De la nouvelle Littérature française. — Des Romans du Style romantique.— M. d'Arlincourt. — M. de Châteaubriand.— Shakespeare. — Sir Walter Scott.—Les Français connaissent la littérature moderne de l'Angleterre mieux que les Anglais ne connaissent celle de la France.

Nous avons passé hier la soirée dans une réunion peu nombreuse où l'on n'a ni dansé, ni fait de la musique, ni joué, ni, ce qui est bien plus étonnant, dit un seul mot sur la politique; et cependant cette soirée a été l'une des plus agréables que j'aie passée depuis que je suis à Paris. La conversation roula tout entière sur des sujets littéraires, sans cependant que la réunion offrît la moindre prétention académique. Le tour que prit la conversation fut l'effet d'un pur accident, et le hasard aurait pu faire que nous eussions parlé de tableaux, de musique, de rochers et de rivière, aussi bien que de livres. Mais le sort en ayant ainsi décidé, le résultat en fut que nous eûmes le plaisir d'entendre trois Français et deux Françaises s'entretenir pendant trois heures de la littérature de leur pays. Je ne prétends pas dire qu'aucune autre personne ne prit la parole; mais les *frais de la conversation* furent certainement faits par ces cinq nationaux.

Un de ces messieurs, qui était en même temps l'homme le plus âgé de la société, se montra plus tolérant envers la race actuelle de romanciers français, qu'aucune autre personne de son âge et de sa classe que j'aie encore rencontrée. Toutefois son approbation n'alla qu'à déclarer que, selon lui, la méthode actuelle de suivre avec un microscope la nature humaine dans les recoins où la passion et même le vice peuvent la conduire, devait faire de meilleurs romanciers que la mode précédente qui consistait à tout regarder à travers un verre grossissant, s'efforçant de faire paraître grand ce qui en réalité est petit.

L'auteur que cette personne cita pour établir

la vérité de sa proposition fut le vicomte d'Arlincourt. Il pensait qu'on ne devait pas le regarder comme l'exagération de cette école, mais comme sa perfection.

« Je me rappelle, dit-il, d'avoir vu au Louvre, il y a plusieurs années, un portrait en pied de cet auteur qui m'offrit, à ce qu'il me parut dans le temps, un type parfait de ce que l'on appelle en France *le style romantique*. Il se tenait debout sur un rocher, qui s'élevait au-dessus d'un précipice. Son œil semblait inspiré; il tenait à la main des tablettes; à ses pieds un torrent roulait ses eaux troubles, pendant que lui, calme et sublime, non point

> Dans le simple appareil
> D'une jeune beauté qu'on arrache au sommeil,

mais comme un merveilleux qui vient de s'arracher d'un salon à la mode pour aller méditer sur la sauvage majesté de la nature, augmentée par l'effet de la tempête et de la solitude. Il était en habit noir, en bas de soie, en chaussons de bal. Ce serait inutilement que j'essaierais de vous donner une idée plus juste de sa manière d'écrire que ne vous la présente la seule composition de ce tableau. C'est en vain que M. le vicomte se place au milieu de rochers et de cataractes, il est et sera toujours M. le vicomte; et ses bas de soie et ses chaussons de bal seront toujours visibles, au milieu de l'écume des torrens dont il s'entoure.

« Ce n'est pourtant pas M. d'Arlincourt, dit M. le C***, qui eut l'honneur, ou si vous voulez la honte, d'être l'inventeur du style romantique; c'est un bien plus grand homme que lui. M. de Chateaubriand, le premier, rompit les barrières de la littérature classique, et permit à son imagination de figurer au milieu de tous les objets qui peuplent le ciel et la terre. »

« Du moins, dit le troisième interlocuteur, vous ne pouvez pas l'accuser d'avoir suivi en *habit bourgeois* la course vagabonde de son imagination. Son style peut être parfois extravagant, mais n'est jamais ridicule. M. de Chateaubriand possède réellement ce que M. d'Arlincourt affecte d'avoir : c'est-à-dire une imagination poétique et féconde, et une richesse d'images qui, par leur richesse même, le fait parfois tomber dans le mauvais goût. Mais rien dans son éloquence n'est forcé ni contraire à la nature; or, c'est réellement de d'éloquence, quoiqu'une imagination plus tranquille et un jugement plus sévère l'eussent pu retenir dans des bornes plus raisonnables. Malgré tout ce que l'on peut dire contre son goût, M. de Chateaubriand est un grand homme, et son nom vivra parmi les écrivains de la France; mais le ciel nous préserve d'en dire autant de ses imitateurs! »

« Et que le ciel nous préserve aussi d'en dire autant de l'école qui leur a succédé! ajouta madame V***, vieille femme délicieuse, qui porte ses propres cheveux blancs et qui ne walse point. J'ai ri quelquefois, et quelquefois bâillé en lisant les ouvrages de l'école de M. d'Arlincourt; mais j'ai constamment éprouvé à la fois du dégoût et de l'indignation, en parcourant ceux écrits dans ce style romantique qui les a remplacés. »

— « Constamment? dit le vieux monsieur d'un ton interrogatif.

— « Oui, constamment, car si j'y découvre quelques symptômes de talent, je les déplore, et m'effraie du mal qui en peut résulter. Je ne puis supporter de voir cette puissance de l'esprit, le plus beau don du ciel, si honteusement pervertie, qu'il me semble que le Dieu si bon auquel nous le devons doit se repentir de nous l'avoir accordé. »

« Ma chère dame, dit le défenseur de ce que Goethe appelle si justement la littérature du désespoir, il ne faut pas que vous renversiez tout l'édifice, parce que vous y trouvez des défauts par-ci par-là. Le but que se proposent aujourd'hui nos romanciers, est sans doute de peindre les hommes tels qu'ils sont. S'ils l'atteignent, il me semble que leurs travaux ne peuvent manquer d'être à la fois intéressans et utiles. »

— « *Chansons! chansons!* s'écria vivement la vieille femme ; avant que les hommes ne parviennent à peindre d'une manière profitable la nature humaine, il faut qu'ils la voient telle qu'elle est réellement, et non pas telle qu'elle le paraît à ces *misérables* dans leurs *baraques* et leurs *greniers*. Nous n'avons rien de commun avec les scènes qu'ils décrivent et, à leur tour, ils n'ont rien de commun avec la littérature. Auriez-vous les œuvres de Bernardin de Saint-Pierre, *ma chère?* » ajouta-t-elle en s'adressant à la maîtresse de la maison. Le petit volume ayant été pris dans une chiffonnière placée derrière nous, elle y chercha l'endroit qu'elle voulait citer, et l'ayant trouvé, elle nous dit que le passage qu'elle allait lire paraissait indiquer le vrai but de la littérature. Voici ce passage :

« Les lettres sont une science du ciel; ce « sont des rayons de cette sagesse qui gouverne « l'univers, que l'homme, inspiré par un œil « céleste, a appris à fixer sur la terre... Elles « excluent les passions; elles répriment les « vices; elles excitent les vertus par les exemples « augustes des gens de bien qu'elles célèbrent, « et dont elles nous présentent les images tou- « jours honorées. »

« Eh bien! a-t-il raison, ce Bernardin de Saint-Pierre? » dit-elle en posant ses lunettes et en regardant autour d'elle. Chacun de nous admira ce passage.

« Dites-moi, continua-t-elle en fixant les yeux d'un air triomphant sur le défenseur des romans modernes, est-ce là l'usage que vos romanciers font de la littérature? »

« Pas précisément, répondit-il en riant, ou du moins pas toujours; mais je pourrais vous montrer des passages dans Michel Raymond.... »

« *Bah !* s'écria la vieille dame en l'interrompant, je crois que c'est Champfort qui dit qu'un sot qui a un moment d'esprit étonne et scandalise comme des chevaux de fiacre au galop. Je n'aime pas ces secousses inattendues de sublimité. Elles m'étonnent plus qu'elles ne me plaisent. »

La conversation tomba ensuite sur Shakespeare, et sur le mal, ce fut le terme dont on se servit, sur le mal que son exemple et l'admiration passionnée de ses ouvrages avait fait à la pureté classique de la littérature française. On ne se borna pourtant pas à critiquer cette phrase, mais, à la vraie manière des *Français*, on la tourna complètement en ridicule. On déclara hautement que le mot de classique était trop *rococo*, quoique l'on pût encore s'en servir, et l'on ajouta que si Shakespeare était défectueux comme modèle, c'était seulement parce qu'il était trop grand pour pouvoir être imité.

J'avouerai pourtant que je ne suis pas parfaitement convaincue de la sincérité de cet arrêt; et cela parce que, dans le nombre des Français qui se trouvaient présens, il n'y en avait qu'un seul qui eût la prétention de le connaître autrement que par le moyen des traductions. Or, quoique Ducis ait déployé un grand talent dans la manière dont il a rendu certains passages, nous savons tous que, pour juger Shakespeare, l'*Otello* italien est presque aussi utile que le *Hamlet* français. Je suis sûre, toutefois, que c'est bien sincèrement que tout le monde exprima une haute vénération pour notre illustre poëte, la vieille dame ayant remarqué, avec beaucoup de raison, que des étrangers devaient s'en rapporter à cet égard au jugement des compatriotes, seule règle qu'ils pussent suivre pour fixer le rang qu'un poète devait tenir parmi ses confrères en Apollon.

On fit après cela quelques observations fort justes, et applicables à tout autre qu'à Shakespeare, sur le danger de mêler ensemble la tragédie et la comédie, puisque le résultat pouvait malheureusement devenir parfaitement ridicule, tandis que si la *fusion* était faite avec l'art le plus merveilleux qui se puisse imaginer, tout ce que l'on pourrait en définitive espérer d'en voir sortir, serait ce monstre prodigieux qu'on appelle mélodrame.

Quand on eut ainsi réglé que notre Shakespeare avait seul le droit d'être aussi irrégulier qu'il lui plaisait, mais que tout autre écrivain devait se garder de suivre ses traces, on se mit à examiner et à comparer les divers mérites de plusieurs poètes et romanciers, dont je n'avais jamais auparavant entendu prononcer le nom; aussi cette partie de la conversation demeura-t-elle assez obscure pour moi, et j'essaierais vainement de vous en rendre compte. Un ou deux de ces romanciers furent cités comme ayant imité avec succès le style et la manière de sir Walter Scott, et quand j'entendis faire cette assertion, j'avouerai que je ne fus pas fâchée de pouvoir alléguer une ignorance complète de leurs noms et de leurs ouvrages, pour me dispenser de dire mon avis ; car ayant peut-être manifesté un peu de chaleur nationale en parlant de Shakespeare, j'aurais été fâchée de me lancer dans une nouvelle tirade en faveur de sir Walter Scott, ce que j'aurais eu apparemment de la peine à éviter si j'avais su quels étaient les romans que l'on osait comparer aux siens.

Je ne sais pas bien expliquer d'où il vient qu'en général les Parisiens sont beaucoup mieux au fait de notre littérature légère, que nous ne le sommes de la leur. Cette circonstance est d'autant plus extraordinaire qu'il est incontestable que, pour un Français qui lit l'anglais, il y a au moins dix Anglais qui lisent le français. Il est toutefois impossible de nier le fait. Je suis sûre d'avoir entendu, depuis que je suis ici, les noms d'une trentaine d'auteurs au moins, de l'existence desquels ni moi, ni les gens de lettres de ma connaissance, n'avions le plus léger soupçon, quoique nous nous considérions comme tout-à-fait au courant de ce qui se passe sous ce rapport, n'ayant jamais manqué une occasion de lire tous les livres français qui nous sont tombés sous la main, ni de consulter avec soin le *Foreign Quarterly Review*. Sur l'observation que je fis de cette différence entre nous, une personne de la société remarqua qu'elle provenait peut-être de ce qu'aucun ouvrage qui obtenait quelque succès en Angleterre n'échappait à une réimpression sur le continent, c'est-à-dire à Paris ou à Bruxelles. Quoique cela ne se fasse que comme une spéculation de commerce, pour engager les Anglais qui voyagent d'acheter ici pour quatre francs un ouvrage qui leur coûterait trente shillings chez eux, le résultat actuel de cette manœuvre n'en est pas moins que les noms des ouvrages anglais sont généralement connus ici, même avant qu'ils ne soient traduits

Plusieurs de nos femmes auteurs sont presque aussi connues en France qu'elles le sont en Angleterre. J'ai eu la satisfaction d'entendre citer miss Mitford avec enthousiasme, et une dame m'a dit qu'à juger de sa personne d'après ses ouvrages, il n'y avait pas d'auteur vivant dont elle désirât autant faire la connaissance.

Miss Ladon est aussi fort connue et fort admirée. Madame Tastu m'a dit avoir traduit plusieurs de ses poëmes, dont elle faisait le plus grand cas. En un mot, la littérature et les gens de lettres de l'Angleterre sont maintenant accueillis en France avec une grande hospitalité.

On me fit hier au soir d'innombrables questions au sujet de plusieurs livres et de plusieurs personnes dont je fus fort étonnée d'apprendre que la renommée avait traversé la Manche; et après avoir donné tous les renseignemens que j'étais en état de fournir, je commençai à faire, à mon tour, des questions, et j'appris une foule d'anecdotes et de détails qui me furent communiqués avec ce tour épigrammatique dans lequel les Français excellent.

Plusieurs des *petits ridicules* dont nous avons coutume de nous moquer chez nous paraissent exister ici sous la même forme, malgré la critique légère à laquelle ils sont exposés. Tel est, entre autres, l'art de tirer le plus grand parti possible d'une petite dose d'esprit, au moyen de petites lignes et de grands points. Cet art n'est pas exercé seulement en Angleterre, témoin un passage qu'on m'a fait voir dans un roman nouveau de madame Emile Girardin, ci-devant mademoiselle Delphine Gay. Je vais vous le donner tel qu'il est imprimé, et je pense qu'après cela vous avouerez que nos voisines ne sont pas moins versées que nous dans ce petit charlatanisme littéraire.

« Pensez-vous

« Qu'Arthur voulût revoir mademoiselle de Sommery ? »

« Non. »

« Au lieu de l'aimer

« *Il la détestait !* »

Oui

Il la détestait ! »

Je crois notre passion pour ce qui est neuf assez forte ; mais, si ce que l'on m'a appris hier au soir sur l'effet que cet impérieux besoin n'a point été exagéré par la gaieté de la société dans laquelle je me trouvais, il faut convenir que nous pouvons passer pour supporter les vieilleries avec une patience exemplaire en comparaison des Français. Ils ont même, pour exprimer ce besoin, une phrase qui la peint mieux que je ne pourrais le faire, dussé-je mettre ma mémoire à la torture pour transcrire toute la conversation de mes aimables amis d'hier au soir.

« Il nous faut, disent-ils, du nouveau, n'en fût-il plus au monde. »

Nous sommes enchantés quand nous rencontrons un nouvel air ou un nouveau joueur de violon, un nouveau livre ou un nouveau prédicateur. Nous en sommes enchantés, dis-je, mais pour les Parisiens c'est un besoin indispensable. Se réunir et n'avoir rien de nouveau pour alimenter la *causette*, autant vaudrait rester chez soi. Du reste, ce besoin remonte pour le moins au siècle de Molière; c'est lui qui inspirait Madelon quand elle dit avec tant d'énergie à Mascarille, qu'elle lui serait *obligée de la dernière obligation*, s'il voulait lui apprendre journellement, « les choses qu'il faut

« savoir de nécessité et qui sont de l'essence
« d'un bel esprit. » Car, comme elle l'ajoute avec
raison, « c'est là ce qui nous fait valoir dans
« les compagnies, et si l'on ignore ces choses,
« je ne donnerais pas un clou de tout l'esprit
« qu'on peut avoir. » Pendant ce temps sa cousine Cathos rend témoignage à cette même vérité par la déclaration suivante :

« Pour moi, j'aurais toutes les hontes du
« monde, s'il fallait qu'on vînt me demander
« si j'aurais vu quelque chose que je n'aurais
« pas vu. »

Je ne conçois pas comment il se fait que des gens qui passent si peu de temps de la journée loin de vos yeux trouvent moyen de connaître ainsi tout ce qui a été écrit ou fait dans toutes les parties du monde. Personne ici ne paraît jamais ignorant sur quelque sujet que ce soit; est-ce du tact, ou bien de l'instruction, une instruction véritable, profonde, sur toutes sortes de sujets?

J'imagine que ce n'est ni l'un ni l'autre, et qu'il y a un grand nombre de circonstances qui se réunissent, tant pour répandre si généralement ces connaissances que pour donner de la rapidité à la manière de les recevoir, et de l'éclat à celle de les communiquer.

Ce qu'il y a du moins de certain, c'est que quand les Français savent quelque chose, ils en tirent le meilleur parti possible, et quoique l'on puisse soupçonner que leurs connaissances sont plus variées que profondes, il est impossible de ne pas avouer que la manière dont un Français vous fait part de ce qu'il sait, est particulièrement aimable, gracieuse et exempte de pédantisme.

LETTRE XLIX.

Le Jury en France. — La peine de mort rarement appliquée. — Verdict d'un Jury du comté de Cornouailles. — Circonstances atténuantes. — Le Jury en Belgique.

———

N'ayez pas peur, ma chère amie; ne pensez pas que j'aie l'intention de changer ma tranquille allure et mon babil de femme pour suivre la marche de l'intelligence humaine et faire un traité de philosophie. Je n'ai point ces pensées ambitieuses, et pourtant il faut que je vous rende compte d'une conversation que j'ai eue avec une personne d'un grand jugement, sur un très grave sujet. Je crois déjà vous voir frémir par l'idée que c'est d'économie politique que je vais vous entretenir, mais tranquillisez-vous; ces deux mots m'ont de tout temps inspiré un invincible effroi. ... Non! il ne s'agit point d'économie politique, mais du *jury*.

J'ai lieu de penser que M. V*** m'a crue beaucoup plus savante que je ne le suis en effet quant à la manière précise dont ce droit constitutionnel si important s'exerce en Angleterre. En attendant, quoique mon ignorance m'empêchât de répondre très péremptoirement aux questions qui m'étaient faites, elle ne fut point un obstacle à ce que je m'instruisisse moi-même par les renseignemens qui m'étaient donnés, et je vais vous rendre compte de cet entretien, afin de vous faire connaître la très singulière manière dont cette institution agit en France.

Je dois cependant commencer par remarquer que mon ami est un zélé henriquinquiste, et quoique je connaisse trop bien son intégrité pour pouvoir douter de l'exactitude des faits qu'il m'a relatés, il est cependant naturel de penser que ses opinions ont pu influer sur ses sentimens, et par conséquent sur la manière de les exprimer.

La circonstance qui donna lieu, entre nous, à cette grave discussion, fut un arrêt qui venait d'être rendu à l'occasion d'un assassinat remarquablement atroce. Je ne suis pas grand partisan de la pendaison; toutefois je fus un peu surprise d'apprendre que ce sauvage et féroce tueur d'hommes n'avait été condamné qu'aux *travaux forcés* au lieu de la mort.

— « Il est fort rare maintenant qu'en France, un homme subisse la peine capitale, » me dit M. V*** en réponse à la remarque que me fit faire cet arrêt.

— « Est-ce depuis votre dernière révolution, demandai-je, que la peine de mort a été commuée en celle de l'emprisonnement et des travaux forcés ? »

— « Cette commutation n'existe pas dans la loi, me dit-il, c'est le jury seul qui décide si un coupable sera guillotiné ou seulement mis en prison. »

Je crus l'avoir mal compris et je répétai ses paroles :

— « Le jury qui décide, dites-vous ? »

— « Oui, Madame, absolument. »

Cette réponse me parut si extraordinaire que je crus encore être dans l'erreur, et je m'imaginai que le mot *jury* n'avait pas en France le même sens qu'en Angleterre.

Sous ce rapport, ainsi que vous allez le voir,

je n'étais pas très loin de la vérité, quoique mon donneur d'avis, qui était non seulement un homme fort capable, mais encore un avocat par-dessus le marché, m'assurât que le jury était la même chose en principe, dans les deux pays, quoiqu'il différât pour les effets.

« Mais, lui dis-je, nos jurés n'ont point à s'occuper de la peine qu'encourt le coupable, leur seule affaire est d'examiner les dépositions des témoins à charge, et d'après la conviction que ces dépositions laissent dans leur esprit, de déclarer l'accusé coupable ou non coupable. C'est à cela que se borne leur devoir. »

« Oui, oui ; je comprends parfaitement cela, répondit M. V***, et c'est précisément la même chose chez nous ; seulement il n'est pas dans la nature d'un Français de prononcer un verdict sec, court, non raisonné, et de faire une déclaration de culpabilité ou de non-culpabilité sans exercer son intelligence sur les différentes nuances de culpabilité qui s'attachent aux actes de chaque accusé. »

Cette impossibilité de prononcer un verdict *sans exercer son intelligence*, me rappela une anecdote de cour d'assises qui fait partie des traditions du comté de Cornouailles. Un homme était accusé d'avoir assassiné sa femme, et les preuves de sa culpabilité étaient incontestables; mais d'après les dépositions il parut que la malheureuse femme n'avait pas tenu une conduite fort régulière. En conséquence les jurés s'étant retirés pour se consulter, revinrent, et le chef du jury fit la déclaration suivante qu'il prononça avec l'accent de sa province: « Coupable... mais c'était bien fait, Milord! » En vain le juge les renvoya dans leur chambre pour rectifier le verdict, qui contenait des choses dont ils n'avaient pas eu à s'occuper, l'intelligence des jurés était en jeu et il ne fut pas possible d'obtenir d'eux un autre verdict que celui de: « Coupable... mais c'était bien fait, Milord! »

Il me fut impossible de m'empêcher de sourire en me rappelant cette anecdote; mais mon ami parlait trop sérieusement pour que je pusse me permettre de l'interrompre par une plaisanterie déplacée, et je le laissai poursuivre.

« Cette tournure d'esprit, dit-il, qui est

essentiellement française, est une des causes, et peut être la plus insurmontable, qui empêche que l'institution du jury ait chez nous une action aussi sûre et aussi simple qu'en Angleterre. »

« Et comment cette activité de l'intelligence agit-elle pour empêcher le cours de la justice? » demandai-je.

— « Voici comment : supposons les faits de la cause prouvés à l'entière satisfaction des jurés. Ils se décident à prononcer un verdict de culpabilité; mais leur affaire ne se termine pas là. Il leur reste encore à décider en quels termes ils déclareront ce verdict à la cour, c'est-à-dire, s'ils reconnaîtront ou non des circonstances atténuantes. »

« Oh oui! je vous comprends maintenant, répliquai-je, vous voulez dire que quand il y a des circonstances atténuantes, les jurés croient devoir recommander le coupable à la miséricorde de la cour. Nos jurés font de même. »

« Mais non pas avec la même autorité, dit-il en souriant : chez nous le sort de l'accusé est entièrement dans les mains des jurés, car ils décident non seulement de sa culpabilité et de de son innocence; mais par l'usage qu'ils font de l'expression de circonstances atténuantes, ils peuvent, selon leur bon plaisir et leur toute-puissance, lui remettre la partie capitale de la peine, quelle que soit la nature de son crime; car, d'après la loi, la cour ne peut plus condamner à mort, une fois que les jurés ont admis des circonstances atténuantes. »

« Il paraît d'après cela, dis-je, que le devoir d'un juge, qui entraîne chez nous une si grave responsabilité, se borne ici à remplir une cérémonie officielle. »

— « Je vous assure que ce n'est guère plus que cela. »

— « Et vos jurés sont donc à la fois juges et jurés, ce qui chez nous serait regardé comme une grande injure ? »

— « Il n'y a pas le moindre doute qu'ils le sont ; aussi, selon moi, la justice criminelle est administrée aujourd'hui en France avec plus de légèreté qu'en aucun autre pays civilisé du monde. A vrai dire, depuis la révolution de 1830, nos ouvriers sont devenus non-seulement juges et jurés, mais encore législateurs.

Des peines différentes sont par notre Code pénal affectées à des crimes différens; mais il arrive rarement, ou peut-être jamais de nos jours, que la peine infligée se rapporte à celle que la loi indique. Je conviens que la culpabilité peut varier, quoique le crime reste le même, et il est d'après cela juste et convenable qu'un juge, versé dans les lois de son pays, et choisi par l'autorité supérieure comme un homme sage et intègre; il est juste et convenable, dis-je, qu'un tel homme ait le pouvoir terrible de modifier la peine, conformément à son opinion du cas particulier dont il s'agit. Le résumé d'un juge anglais est aussi regardé comme d'une immense importance pour le résultat de chaque procès. Rien n'est plus juste. Mais nous nous sommes singulièrement éloignés du modèle que nous prétendions suivre. Chez nous le juge ne possède point ce pouvoir, du moins dans la pratique; chez nous c'est à une douzaine d'ouvriers rassemblés par hasard, et qui n'ont aucune connaissance, soit des lois de leur pays, soit de la philosophie des peines, à qui ce pouvoir terrible est confié. Il importe peu que le crime ait été prouvé jusqu'à l'évidence, et moins encore que la loi y ait attaché telle ou telle peine; celle que subit le coupable est uniquement celle qu'il plaît aux jurés d'infliger. »

— « Et quel a été l'effet que cette étrange usurpation de pouvoir a produit sur l'administration de la justice ? »

— « L'abolition tacite de la peine de mort : car, ainsi que je viens de vous le dire, une fois que les jurés ont admis des circonstances atténuantes, le juge, quelle que soit sa conviction de l'atrocité du crime et de l'aggravation des circonstances, ne peut plus prononcer d'autre peine que les travaux forcés. Tel a été l'effet de la révolution de 1830 sur l'administration de la justice criminelle. »

— « Mais l'opinion publique sanctionne-t-elle cette étrange perversion des fonctions du jury? »

— « L'opinion publique s'en étonne et parfois s'en afflige; mais la populace a conçu l'idée que la condamnation à la peine de mort est un acte illégal qu'exerce le pouvoir, et elle a forcé le gouvernement de lui concéder le droit d'en dispenser. »

N'est-ce pas là un singulier état de choses? La personne qui m'a donné ces détails est, ainsi que je vous l'ai dit, un homme trop honorable pour que je puisse le soupçonner d'avoir falsifié les faits ; mais il faut se rappeler que tout ce que le gouvernement actuel fait ou permet, et qui paraît contraire au système établi pendant la restauration, doit naturellement choquer les sentimens des légitimistes et répugner à leur jugement. Toutefois, en cette occasion, le relâchement de l'autorité doit nécessairement amener de grands maux, et il faut espérer que le gouvernement reprendra les rênes avec plus de vigueur, aussitôt qu'il se sentira assez fermement établi pour pouvoir user de sa force en toute sûreté.

M. V*** m'a, du reste, cité à l'appui de son opinion un si grand nombre de cas, où les crimes les plus affreux, prouvés par les témoignages les plus irrécusables, ont obtenu des verdicts de circonstances atténuantes, qu'il est impossible de ne pas reconnaître que, tant que les choses resteront dans l'état où elles se trouvent, un pareil mode d'administrer la justice doit rendre chez les jurés le parjure aussi fréquent que le serment.

Cette conversation me rappela quelques singulières histoires, que j'avais entendu raconter en Belgique à l'occasion du jury belge. Si elles sont conformes à la vérité, on comprend dans ce nouveau royaume aussi peu qu'en France, cette institution si belle, si équitable, et qui chez nous fonctionne si bien; mais les causes de l'ignorance des Belges me paraissent être absolument l'opposé de celle des Français. Là, à ce qu'on m'assure, il arrive souvent que les jurés ne savent ni lire ni écrire, et n'ont pas la plus légère idée des devois qu'ils ont à remplir; aussi sont-ils si embarrassés de leur position, qu'ils ne demandent pas mieux que de prononcer le jugement qu'on leur dicte.

Ainsi, par exemple, on m'a parlé d'un honnête Flamand qui, après avoir prêté l'attention la plus soutenue aux débats d'un procès, dans lequel il siégeait comme juré, déclara, quand il fallut donner son avis, qu'il n'avait pas compris un seul mot de tout ce qui avait été dit.

La cour s'efforça de lui expliquer les points principaux de la question ; mais l'honnête bourgeois persista à déclarer que cette affaire n'avait aucun rapport avec son commerce, et qu'il lui était impossible de s'en former une idée assez claire pour en donner son opinion. On recommença les explications, mais en vain ; et à la fin le consciencieux Flamand paya l'amende et se retira.

En France, au contraire, il paraît que l'intelligence humaine a marché si vite et si loin, qu'il est impossible de réunir douze hommes assez modestes pour se contenter de répondre oui ou non à une question qu'on leur fait, sans avoir la prétention de faire les petits législateurs dans chaque affaire. Il faut convenir que dans ce qui regarde le jury, l'Angleterre offre un bel exemple de *juste milieu*.

LETTRE L.

Le Pâtissier anglais. — Miniature d'un Français. — Le roi Louis-Philippe. — Réflexions philosophiques.

Nous nous sommes amusés ce matin à courir les boutiques, et nous avons terminé notre tournée par entrer chez un pâtissier anglais. Pendant que nous y déjeunions, nous y observions une société de Français, qui y était venue comme nous pour faire un petit *goûter* de pâtisserie.

Ils semblaient voyager dans des terres inconnues, et ne pouvaient cacher leur surprise à la vue des compositions d'outre-mer qui se présentaient de tous côtés à leurs regards. Dans le nombre de ces Français, il y avait un jeune homme qui paraissait avoir pris d'avance la résolution de se moquer outre mesure de toutes les friandises que renfermait cette boutique, et qu'il regardait sans doute comme un empiétement intolérable sur les droits des fabricans nationaux.

« *Est-il possible ?* dit-il d'un air d'étonnement et presque d'indignation, en voyant une dame de la société prendre un de ces gâteaux que nous appelons des *buns*, *est-il possible* que vous puissiez comparer ces étranges comestibles à la *pâtisserie française ?* »

—« *Mais goutez-en,* dit la dame en lui présentant un de ces gâteaux qu'elle avait pris elle-même, *ils sont excellens.* »

—« Non, non, il suffit de les regarder, s'écria-t-il en finissant, il n'y a ni légèreté, ni élégance, ni grâce, dans aucun des gâteaux que je vois ici. »

— « *Mais goûtez quelque chose,* » répéta la dame.

—«*Vous le voulez absolument!* s'écria le jeune homme; *quelle tyrannie!...* et quelle preuve d'obéissance je vais vous donner! *Voyons donc,*» continua-t-il en s'approchant d'une assiette sur laquelle se soutenait une pile de vraies moffines anglaises, lesquelles, comme vous le savez, sont d'une fabrique un peu mystérieuse, et si on les mange crues, ont assez de rapport avec un gant de peau. Ce fut donc à ce prétendu *gâteau* que cet infortuné connaisseur en pâtisserie s'adressa, en s'écriant d'un air un peu théâtral : « *Voilà donc ce que je vais faire pour vos beaux yeux !* »

En achevant de parler, il s'empara d'un de ces objets pâles et coriaces, et, à notre grand amusement, essaya d'en manger. Il est impossible de trouver mauvais que l'on fasse quelques grimaces en semblable occasion, et le privilége des Français, sous ce rapport, est bien connu ; mais ce hardi faiseur d'expériences abusa de ce privilége ; sa souffrance paraissait inexprimable ; ses crachemens et ses reproches furent si véhémens, qu'amis, étrangers, pâtissiers et jusqu'à un petit gâte-sauce, qui entra dans le moment tout enfariné, portant sur la tête un plateau de petits pâtés, tout le monde enfin éclata d'un fou rire que l'infortuné supporta de la meilleure humeur du monde, faisant promettre à sa belle compatriote qu'elle n'insisterait plus jamais pour qu'il mangeât des friandises anglaises.

Si cette scène se fût prolongée quelques minutes de plus, j'aurais manqué un spectacle que j'aurais fort regretté de ne pas avoir vu. Quand les souffrances du jeune Français, un peu calmées, me permirent enfin de quitter la boutique du pâtissier, nous nous dirigeâmes vers le boulevart des Italiens, et comme nous y arrivions, nous vîmes le roi Louis-Philippe, vêtu en simple bourgeois, passant à pied devant les *bains Chinois*, mais sur le côté opposé du chemin.

A l'exception d'une petite cocarde tricolore à son chapeau, il n'avait rien qui le distinguât des autres hommes comme il faut qui se trouvaient sur les boulevarts. C'est un homme de bonne mine, replet, entre deux âges. Il a dans sa démarche quelque chose de noble qui, malgré l'air bourgeois dont il se promenait, aurait attiré sur lui l'attention et l'aurait fait reconnaître pour un personnage hors du commun, quand même il n'aurait pas eu à son chapeau la cocarde indiscrète. Deux messieurs marchaient à quelque distance derrière lui, et je crus remarquer qu'après qu'il nous eût dépassés, ils s'approchèrent de lui; du reste, je ne vis personne qui me parût de sa suite. Je remarquai qu'il fut reconnu par plusieurs personnes, dont quelques-unes, en petit nombre, ôtèrent leurs chapeaux, entre autres deux ou trois Anglais; mais sa présence excite en général peu d'émotion. Je m'amusai pourtant de l'air d'insouciance avec lequel un jeune homme, en costume complet de Robespierre, lorgna la personne du monarque pendant aussi longtemps qu'il put le distinguer.

Le dernier roi que je vis dans les rues de Paris fut Charles X. Il revenait d'une de ses maisons de plaisance dans les environs de Paris, escorté, et entouré d'une pompe vraiment royale. Le contraste entre les hommes et leurs habitudes était réellement frappant et fait pour réveiller de vifs souvenirs des nombreux événemens qui leur étaient arrivés à tous deux, depuis la dernière fois que j'avais avancé la tête pour contempler le souverain de la France.

Mon imagination vola vers Prague, et vers les trois générations de monarques français qui y reposent presque aussi paisiblement que dans les caveaux de Saint-Denis.

Ne dirait-on pas que leurs destinées a été gouvernée par la baguette d'un magicien! Voyez ce Charles X, dans la fleur de sa jeunesse, alors comte d'Artois si galant, si brillant, si dissipé; rappelez-vous les fenêtres de l'appartement qu'il occupait dans le château de Versailles, et revoyez-le, radieux de jeunesse et de bonheur, cadet étourdi et prodigue de sa royale race; frère et hôte de ce bon roi qui semblait régner sur un peuple dévoué, par tous les droits qu'il tenait et de Dieu et des hommes! Louis XVI était roi de France, mais l'aimable comte d'Artois régnait en souverain sur les plaisirs de Versailles. Que de fêtes joyeuses!... que de brillantes réunions.... et pendant ce temps,

Le sort cruel regardait et souriait.

Si alors on lui eût dit qu'avant de mourir il se verrait couronné roi de France et occuperait le trône pendant plusieurs années, n'aurait-il pas cru que la plus brillante destinée lui était prédite?

Peu d'hommes ont autant souffert des vicissitudes humaines que Charles X de France; d'abord en la personne de son frère aîné détrôné et indignement assassiné; puis en la sienne et en celle d'un autre frère condamnés à l'exil; puis de nouveau, quand la fortune semblait sourire encore une fois à sa royale race et que la couronne de France, placée sur la tête de son frère, paraissait assurée à ses fils, un de ces fils tombe sous le fer d'un meurtrier. Enfin, après être parvenu lui-même au trône et avoir vu ce dernier fils revivre dans un rejeton plein d'espérance, arrive un autre coup du sort, inattendu, accablant, qui le précipite de son trône et qui le condamne de nouveau, lui et sa race royale, à l'exil et à la mort civile... A-t-il donc vu la dernière des convulsions politiques par lesquelles son existence a été ébranlée? ou bien son astre errant reparaîtra-t-il sur l'horizon? Ceux qui lui sont le plus sincèrement attachés ne peuvent guère le désirer.

Mais quand je tournai ma pensée du roi détrôné et banni vers celui que je voyais marcher devant moi sans gardes et d'un pas assuré, quand je réfléchis aux vicissitudes dont sa destinée à lui aussi fut remplie, il me sembla que cette terre et tous ses habitans n'étaient que des jouets d'enfans qui changent de nom et de destination selon le caprice du moment.

Il me sembla alors que tous les hommes n'étaient classés dans l'ordre qu'ils devaient tenir, que pour être jetés dans une plus grande confusion, qu'ils n'étaient renversés que pour être relevés, et ainsi perpétuellement lancés de côté et d'autre ; avec cela si impuissans par eux-mêmes, si complètement gouvernés par le hasard ! Je m'abaissai à l'aspect de la faiblesse humaine, et je détournai les yeux du monarque pour méditer sur l'insignifiance de l'homme.

Qu'ils sont vains tous les efforts que l'homme est en état de faire pour diriger le cours de sa propre existence ! Il n'y a en vérité que la confiance dans une haute sagesse et dans un pouvoir inébranlable qui puisse nous mettre tous, tant que nous sommes, depuis les plus grands jusqu'aux plus petits, en état de traverser avec calme et courage un monde sujet à de si terribles convulsions.

LETTRE LI.

Position et influence des Femmes à Paris.—Les Maris français. — Les Femmes en France ne craignent pas de montrer leur instruction.—Les Femmes auteurs. — Les Dames de la halle. — Les vieilles Femmes.

Je ne crois pas qu'il y ait rien à Paris qui fournisse un sujet d'observations aussi curieuses et aussi inépuisables que le caractère, la position et l'influence des femmes.

Mais ce sujet, quoique fertile et plein d'intérêt, n'est pas sans difficultés, et pour preuve, il suffit de remarquer que Jean-Jacques, qui presque toujours sait faire partager à ses lecteurs sa propre conviction, a totalement échoué à cet égard.

Dans une des lettres de la *Nouvelle Héloïse*, il trace le caractère de quelques femmes très ordinaires, qu'il gourmande sans miséricorde pour le mauvais goût de leur toilette, et il termine ce portrait manqué des femmes de Paris en avouant qu'elles ont assez bon cœur.

Il faut convenir que c'est là une bien maigre description de cette importante portion du genre humain, et il n'y aurait pas de livre que je lusse avec plus de plaisir que celui qui remplirait toutes les lacunes du sien. Ne croyez pourtant pas que j'aie la prétention d'entreprendre cette tâche; j'en suis encore moins capable que l'était ce sublime misantrope; car quoique je sois d'opinion qu'il vaut mieux que ce soit un spectateur dépourvu de passion, plutôt qu'un amant, qui essaie de décrire tous les petits atomes dont se compose la délicate mosaïque d'*une Parisienne*, je suis d'avis que ce peintre ne devrait pas être une femme.

Tout ce que je puis pour vous à cet égard est de vous communiquer les observations que j'ai été moi-même dans le cas de faire, par les regards que j'ai jetés sur elles en passant, ainsi que par les rapports qui m'ont été faits par des personnes dignes de foi; mais je n'ignore pas que tout ce que je dirai n'aura pour effet que d'augmenter votre désir de les mieux connaître encore que vous ne le ferez par mes lettres.

Du moment où l'on est admis dans la société française, on s'aperçoit sur-le-champ que les femmes y jouent un rôle fort distingué. Les femmes anglaises en font certainement autant dans la leur; mais pourtant je ne puis m'empêcher de penser, mettant de côté toutes exceptions individuelles, que les femmes en France ont plus de pouvoir et exercent une plus grande influence que celles d'Angleterre.

Je sais que c'est là une proposition très hardie, et que vous serez tentée d'attaquer; mais que j'aie tort ou raison, je suis du moins sincère dans mon jugement, et c'est là ce qui fait son plus grand prix : car je ne sais si je parviendrai à expliquer d'une manière bien satisfaisante les fondemens sur lesquels il repose.

La France a été surnommée le paradis des femmes, et certes s'il suffit de considération et de respect pour constituer un paradis, c'est avec raison qu'elle a reçu ce nom. Je ne veux pourtant point admettre que les Français soient de meilleurs maris que les Anglais, quoique je sois assez portée à croire que ce sont des maris plus polis.

> Je ne sais pas, pour moi, si chacun me ressemble,
> Mais j'entends là-dessous un million de mots.

Pour cesser toute plaisanterie, je suis d'opinion que ce ton et ces manières plus respectueuses, ou par quelque autre épithète qu'on veuille les désigner, sont loin d'être superficiels, du moins dans leurs effets. Je serais fort surprise si j'entendais dire qu'un Français bien élevé eût jamais parlé malhonnêtement à sa femme.

Rousseau, dans un moment où il voulait être ce qu'il appelle lui-même *souverainement impertinent*, a dit, qu'*il est connu qu'un homme ne refusera rien à aucune femme, fût-ce même la sienne.* Mais ce n'est pas seulement en ne lui rien refusant qu'un mari français montre la supériorité que je lui attribue. Je connais bien des maris anglais qui sont tout aussi généreux. Mais si je ne me trompe, la considération générale dont jouissent les femmes françaises a son origine dans le respect domestique qui leur est universellement témoigné. Je n'essaierai point de décider jusqu'à quel point peut être fondée l'idée généralement adoptée chez nous que les femmes mariées en France sont d'une vertu moins sévère que celles d'Angleterre; mais si j'en dois juger par les marques de respect que leur témoignent leurs pères, leurs maris, leurs frères et leurs fils, je ne saurais croire, en dépit des récits des voyageurs, et même de l'autorité des *contes moraux*, qu'il n'y ait pas beaucoup de vertu là où il y a tant d'estime.

Dans un ouvrage récemment publié sur la France, et dont j'ai déjà eu occasion de parler, l'auteur compare le talent des femmes anglaises et françaises pour la conversation, et il trace un tableau si exagéré de la frivole nullité de ses belles compatriotes, que si cet ouvrage jouissait d'un grand crédit en France, on y serait sans doute persuadé que les femmes anglaises sont *tant soit peu Agnès*.

Or, je crois ce jugement aussi peu fondé que celui de ce voyageur qui nous accusait toutes d'aimer l'eau-de-vie. Il est possible que les femmes avec qui cet illustre écrivain a entamé des conversations, aient été si frappées d'effroi à la pensée de son immense réputation, qu'elles en soient restées muettes; mais dans tout autre cas, je pense que les femmes anglaises causent aussi bien qu'en aucun pays du monde.

Il est certain pourtant que chez nous les femmes, surtout celles qui sont jeunes, se trouvent, sous ce rapport, dans une position très désavantageuse. La plupart d'entre elles sont aussi instruites et peut-être plus que la majorité des Françaises; mais malheureusement, il arrive souvent qu'elles éprouvent un effroi extrême à l'idée de le paraître. En général, elles craignent beaucoup plus de passer pour *savantes* que d'être rangées parmi celles qui sont *ignorantes*.

Heureusement pour la France, il n'y a point de marque distinctive, point de stigmate qui s'attache aux femmes douées de talens ou d'instruction. Toute Française met en dehors avec autant de franchise que de grâce tout ce qu'elle sait, tout ce qu'elle pense, tout ce qu'elle sent sur quelque sujet que ce soit, tandis que chez nous la crainte d'être taxée de bas-bleu jette un voile sur plus d'un esprit supérieur; des saillies d'imagination sont réprimées, de peur de trahir l'instruction ou le génie de mainte jeune fille qui aime mieux qu'on la croie sotte que savante.

C'est cependant là une bien vaine crainte, et pour le démontrer il suffirait de jeter un regard sur la société si nous n'étions pas aveuglés par nos préventions. Il se peut que parci-parlà, un sourire ou un haussement d'épaules accompagne l'épithète de bas-bleu; mais ce sourire ou ce haussement d'épaules étant toujours le fait de ceux dont le suffrage n'est d'aucune importance dans la société, on aurait grand tort de prendre, pour les éviter, un masque d'ignorance et de frivolité.

C'est là, je crois, la véritable cause qui fait que la conversation des femmes parisiennes se soutient sur un diapazon plus élevé que celui auquel les femmes anglaises osent prendre le courage de monter. La politique elle-même, ce terrible écueil, qui engloutit une si grande partie du temps que nous consacrons à la société, et qui partage nos salons en des comités d'hommes et des coteries de femmes, la politique elle-même peut être traitée par elles sans inconvénient; car elles mêlent sans crainte à ce sujet mal sonnant, tant de gai persiflage, tant de perspicacité et un tact si sûr, que plus d'une difficulté, qui a peut-être embarrassé de sages législateurs dans la chambre, est tranchée par elles dans leurs salons, et devient, grâce à la légèreté de leur esprit, parfaitement intelligible.

Il suffit d'être familiarisé avec la délicieuse portion de la littérature française qui se compose de recueils épistolaires et de mémoires, ouvrages dans lesquels les mœurs et l'esprit des personnages sont peints avec plus de vérité qu'ils ne sauraient l'être dans aucune biographie; il suffit, dis-je, de connaître l'aspect de la société, telle qu'elle se montre dans ces volumes, pour sentir que le caractère français a éprouvé un grand et important changement depuis un siècle. Il est devenu peut-être moins brillant, mais aussi moins frivole, et si nous sommes obligés d'avouer que la constellation littéraire qui, aujourd'hui, paraît sur l'horizon, ne contient aucun astre aussi éclatant que ceux qui étincelaient sous le règne de Louis XIV, nous ne trouverions pas non plus à présent de ministre qui écrivît à son ami comme le cardinal de Retz à Boisrobert : « Je me sauve à la nage dans ma chambre, au milieu des parfums. »

En attendant, si l'on peut accorder une confiance entière à ces annales des mœurs, je dirai que le changement qui s'est opéré dans les femmes n'a point été dans la même proportion. Il me semble retrouver en elles le même *genre d'esprit* que madame du Deffand nous a fait si bien connaître. Les modes doivent changer, aussi les modes ont-elles changé, et cela non seulement quant aux habits, mais encore dans des points qui tiennent d'une manière plus profonde aux mœurs; mais toutes les parties essentielles sont restées les mêmes : une *petite-maîtresse* est encore une *petite-maîtresse*, et l'esprit d'une femme française est toujours ce qu'il était : brillant, enjoué, cependant plein de vigueur. Je ne puis m'empêcher de croire que si madame de Sévigné elle-même pouvait tout à coup reparaître dans les lieux sur lesquels elle répandit tant d'éclat, et qu'elle se retrouvât au sein d'une *soirée* de Paris, elle ne sentirait aucune difficulté à prendre part à la conversation, de même qu'elle le faisait avec madame de Lafayette, mademoiselle Scudéri et tant d'autres femmes d'esprit de son temps, pourvu toutefois que l'on ne parlât point de politique. Sur ce sujet-là, elle et ses interlocuteurs ne s'entendraient guère.

Les dames écrivent toujours des romans et toujours des vers. Elles écrivent aussi des Mémoires, et savent critiquer aussi finement qu'autrefois; et si elle n'avaient pas cessé de donner de ces soupers où elles condamnaient à leur gré les poètes à l'oubli ou à l'immortalité, je dirais qu'elles n'ont dégénéré de leurs célèbres bisaïeules en aucun des dons de la nature ou de l'art.

Je ne pense pas que l'on me dise que leur caractère a changé, parce qu'au lieu de discuter le mérite d'une nouvelle comédie de Molière, elles examinent celui d'une loi soumise aux chambres. Il n'y a plus guère aujourd'hui de nouvelles pièces de théâtre qui vaillent la peine d'une critique, tandis que les lois nouvelles se trouvent en abondance.

En un mot, quoique les sujets de conversation soient changés, ils sont toujours traités avec le même esprit, et si les marquis d'autrefois sont devenus des doctrinaires, les dames du moins n'ont pas cessé d'être brillantes, spirituelles et gaies, et ne se sont pas mises à défendre le *positif* en opposition à l'idéal. Elles demeurent toujours fidèles à leur vocation qui est de charmer, et je me flatte qu'elles parviendront à combattre avec succès cet amour toujours croissant de leurs compatriotes pour le *positif*, et qu'elles empêcheront que chaque salon ne devienne, comme le boulevart du café Tortoni, une petite Bourse.

Je fus si frappée de la vérité et de la tournure élégante d'une pensée à ce sujet, que je trouvai l'autre jour dans l'album d'une dame française, que je ne pus me refuser au plaisir de la transcrire :

« Proscrire les arts agréables et ne vouloir « que ceux qui sont absolument utiles, c'est blâ-

« mer la nature, qui produit les roses, les jas-
« mins, comme elle produit les fruits. »

Quoi qu'il en soit, cette maxime, toute simple et toute naturelle qu'elle est, court risque d'être oubliée, si l'esprit continue la marche forcée à laquelle il se livre en ce moment; mais la France ne partagera point cet oubli contre nature tant que les femmes y resteront ce qu'elles sont. Les grâces de la vie ne seront jamais sacrifiées par elles à la prétendue recherche de la science, et l'abstrait examen d'une question d'économie politique ne sera jamais acceptée à Paris comme le parfait modèle d'une lecture amusante, ni comme un magnifique effort du génie d'une femme.

Et cependant nulle part les vrais efforts de l'esprit féminin ne recueillent plus d'honneur qu'en France. La mémoire de madame de Staël paraît avoir un autel dans le cœur de chaque femme, et la gloire qu'elle a répandue sur son pays rejaillit sur chacune de ses compatriotes. J'ai entendu citer aussi le nom de mistress Somerville avec admiration et respect par des personnes qui se reconnaissaient incapables d'apprécier ou du moins de suivre la marche de cette ame si extraordinaire.

En parlant des femmes de Paris, je ne dois pourtant pas me borner exclusivement aux classes élevées, car nous ne savons tous que trop bien que les *dames de la halle*, autrement dites les *poissardes*, ont joué un rôle important dans l'histoire de Paris. Mon intention n'est cependant pas ici de parler de la part hideuse qu'elles ont prise à la révolution en 93. Les victoires d'Alexandre-le-Grand ne sont guère moins connues que leurs actions infernales. C'est plutôt sur l'espèce de respect singulier dont elles jouissent dans des temps moins orageux que je veux fixer votre attention, parce que rien d'analogue à cela n'existe chez nous. Dans toutes les grandes occasions publiques, telles que l'avènement d'un roi, sa restauration, ou autres semblables, ces femmes jouissent du privilége d'envoyer une députation au pied du trône. Rois et reines acceptent leurs bouquets et écoutent leurs harangues. Les journaux en rendant compte de ces visites de cérémonies n'appellent jamais ces femmes que les *dames de la halle,* phrase qu'il serait difficile de rendre en anglais par une expression équivalente.

Ces dames ont aussi une littérature à elles, et elles ont trouvé parmi les *beaux esprits* de la France des *troubadours* pour enregistrer leurs bons mots et donner l'immortalité à leurs aventures, dans la singulière espèce de compositions appelées *chansons grivoises.*

Quand Napoléon revint de l'île d'Elbe, elles le complimentèrent aux Tuileries en chantant la carmagnole. Cent jours plus tard elles retournèrent au château, mais cette fois le compliment fut adressé à Louis XVIII, et accompagné d'une chanson dont le refrain était le célèbre calembourg du temps :

Rendez-nous notre *père de Gand !*

Non seulement ces *dames* se mettent en avant dans les occasions politiques, on assure qu'en dépit de leur férocité révolutionnaire, il leur arrive par fois de prendre sur elles le rôle de conservatrices des mœurs publiques. Quand madame la comtesse de N*** et son amie madame T*** se montrèrent dans le jardin des Tuileries, dans un costume que les dames de la halle jugèrent contraire à la décence, elles s'armèrent de fouets, et se rendant en corps à la promenade, elles forcèrent ces audacieuses beautés à rentrer chez elles pour se mettre à l'abri de leurs coups.

On assure que l'influence et l'autorité de ces femmes sur les hommes de leur classe sont fort grandes, et se prolongent pendant tout le cours de leur vie.

Tant que sa mère vit, un Français reconnaît ses premiers soins par de l'affection, du respect et même de l'obéissance. « *Consolez ma pauvre mère !* » ont été en mille occasions les dernières paroles des soldats français sur le champ de bataille ; et toutes les fois que l'on voit une femme âgée assise au coin de la cheminée, on peut être sûr que c'est devant elle que sont portées toutes les confiantes requêtes, tant dans les grandes que dans les petites circonstances.

J'ai entendu l'autre jour discuter gravement, pour savoir si c'est en Angleterre ou en France que les dames âgées ont le plus de *bonheur en partage.* Tout le monde paraissait d'accord pour dire qu'en tout pays il est fort difficile à une jolie femme de vieillir; qu'il était terrible de *devenir chenille après avoir été papillon*, et que le seul moyen efficace d'éviter cette horrible transition, était d'abandonner de bonne foi toutes prétentions à la beauté, à un âge où l'on en conserve encore quelques restes, et dès-lors de ne plus attacher son ambition qu'au charme durable de l'esprit, bravant de cette façon le temps et les rides.

Il n'y a pas de doute que ce ne soit là le meilleur parachute auquel puisse se fier une beauté tombante, mais pour une qui est dans le cas de pouvoir l'employer, il y en a mille qui sont obligées de se soumettre à un oubli éternel; et la question reste par conséquent tout entière, laquelle des deux nations entend le mieux l'art de tomber avec grâce.

Il n'y a que deux manières de s'y prendre rationnellement : l'une est de sauter à pieds joints par dessus le Rubicon, à l'apparition du premier cheveu blanc, et de s'établir sur-le-champ sur un sofa, avec tous les agrémens du tabouret et de l'espace pour étendre ses coudes ; l'autre manière, est de prendre la résolution désespérée de ne jamais vieillir du tout. *Nous autres Anglaises*, savons assez généralement prendre le premier parti avec une très noble résignation, et les Françaises, par le moyen de quelque secret inappréciable, qu'elles gardent prudemment par devers elles, réussissent merveilleusement bien dans le second.

LETTRE LII.

Le Palais de Justice. — La Statue de Malesherbes. — La Sainte-Chapelle. — Souvenirs du *Lutrin*. — Les Reliques. — Le Procès de Jeanne-d'Arc. — Celui de madame de Brinvilliers.

Il y a une quinzaine de jours que nous fîmes inutilement le voyage de la Cité, dans l'espoir de visiter la *Sainte-Chapelle*, bien sainte, en effet, aux yeux de tous les bons catholiques, ayant été construite par Louis IX (saint Louis), exprès pour recevoir toutes les admirablement saintes reliques achetées par ce roi, de Baudouin, empereur de Constantinople; et presque aussi sainte aux yeux de nous autres hérétiques pour avoir été le théâtre du poëme de Boileau.

Notre espérance fut cruellement déçue, quand plusieurs personnes attachées au Palais de Justice, auxquelles nous nous adressâmes, nous eurent assurés qu'il n'était pas possible d'en obtenir l'entrée, attendu qu'on s'y livrait à de grands travaux, et qu'il fallait nous contenter de jeter un long et douloureux regard sur sa belle et noble façade.

Si notre désappointement dans cette occasion avait été grand, notre satisfaction ne fut pas moins vive, quand une personne dont nous avons fait depuis peu la connaissance, offrit de nous faire voir le Palais de Justice, et de nous introduire dans cette Sainte-Chapelle qui, à vrai dire, en fait partie. Un heureux hasard m'avait procuré l'avantage d'être présentée à M. J****, qui nous a fait voir non-seulement ce monument, mais encore bien des choses auxquelles sans lui je n'aurais jamais pensé. Aussi regardé-je ce hasard comme une des circonstances les plus heureuses de mon séjour à Paris. Je n'ai jamais rencontré personne dont la liaison fût aussi instructive, et je n'ai certainement jamais reçu d'aucun étranger tant d'aimables et de profitables attentions. Je crois, en vérité, qu'il a un *passe-partout* qui lui ouvre tous les lieux les plus intéressans de Paris, et de l'accès le plus difficile. Occupant une place élevée dans la magistrature, le Palais de Justice lui est, comme de raison, ouvert jusque dans ses recoins les plus cachés; et de toutes les matinées que j'ai passées à parcourir des lieux intéressans, la plus agréable a été sans contredit celle où cet homme si instruit et si obligeant m'a fait voir cet édifice remarquable, en accompagnant de ses commentaires chaque endroit où nous nous arrêtions. Je n'éprouve qu'un seul regret d'avoir fait la connaissance de cet homme, c'est la pensée qu'en m'éloignant de Paris, ce sera de lui aussi que je m'éloignerai.

Le Palais de Justice est déjà par sa seule étendue un fort beau monument; mais sa haute antiquité et les nombreuses époques de l'histoire qu'il rappelle, en font en même temps un des édifices les plus intéressans qu'il soit possible d'imaginer. Nous entrâmes dans toutes les cours, dont quelques-unes nous parurent être en pleine activité. Les salles sont en général vastes et belles. Le portrait de Napoléon avait été replacé dans l'une d'elles pendant les trois journées, et il y est encore. Le vieux chancelier d'Aguesseau est en face de lui, et son portrait est du petit nombre de ceux qu'on a laissés en place. Les emplacemens vides, quelques-uns desquels offrent des traces de violence, font connaître assez clairement que cet antique édifice ne fut point respecté par les patriotes de 1830.

La fureur capricieuse du peuple souverain pendant ce règne de confusion, si ce n'est de terreur, a laissé des vestiges dans presque toutes les parties du bâtiment. Le bas-relief si intéressant, que je me rappelle d'avoir vu sur le piédestal de la belle statue de Malesherbes, l'intrépide défenseur de Louis XVI, a été arraché, et la maçonnerie *brute*, qu'il recouvrait, offre un emblème aussi juste des spoliateurs, que ce beau morceau de sculpture de la scène qu'il représentait. M. J**** m'assura que ce bas-relief n'a point été détruit, et qu'il sera probablement replacé. Je désire sincèrement pour l'honneur des Français que cela ait lieu; mais si mon attente était trompée, je voudrais que le piédestal restât dans l'état mutilé où il se trouve maintenant. Ce serait une utile instruction pour la postérité, et qui servira mieux que toute autre chose à marquer l'époque.

Mais ce furent les parties plus obscures de l'édifice qui m'offrirent le plus d'intérêt. Afin de nous rendre par un chemin plus court vers un endroit que notre aimable guide devait nous montrer, nous passâmes par une des plus anciennes tours de ce vénérable monument. Elle renfermait, je crois, les cuisines de saint Louis, et vu l'énorme épaisseur des murs, je ne serais pas étonnée qu'ils ne fussent en état de braver encore six siècles de plus.

Dans une des nombreuses pièces dans lesquelles nous entrâmes, nous vîmes un vieux tableau fort curieux, pris sur les jésuites pendant le règne de Louis XV, et que l'on regarde comme renfermant la preuve de leurs perfides desseins contre les rois. Il faut convenir que ce n'est pas à tort. On y voit des personnages frappans de ressemblance avec les rois Henri III et Henri IV, en route pour les régions infernales. La disposition générale de ce tableau en fait une des inventions les plus curieuses du génie jésuitique.

Après avoir satifait à loisir notre curiosité dans le palais, nous nous rendîmes à la chapelle. Elle est d'une exquise beauté, et si parfaite dans ses délicates proportions, que l'œil satisfait s'arrête avec un plaisir inexprimable sur l'ensemble, assez long-temps avant que le jugement soit en état d'en examiner et d'en critiquer les différentes parties. Mais même après que ce premier effet est passé, l'élégance parfaite de cette belle miniature captive l'esprit et produit un degré d'admiration peu proportionné à ses petites dimensions.

Cette chapelle avait été construite pour y déposer des reliques, et l'habile architecte, Pierre de Montreuil, paraît en effet avoir eu en vue plutôt d'en faire une châsse riche et élégante que de lui donner la noblesse et la dignité d'une église. La chapelle de Saint-Georges à Windsor, cette jolie petite cathédrale, est un énorme édifice en comparaison de celui-ci, mais moins léger, moins vaste dans ses proportions, en un mot moins enchanteur dans son effet général que l'aimable bijou de saint Louis.

La plus cruelle et la plus impardonnable de toutes les profanations dont j'aie jamais entendu parler, est d'avoir changé ce chef-d'œuvre d'architecture en un dépôt de vieilles archives. Comme si la ville de Paris ne pouvait pas fournir quatre murs et un toit pour cet usage, sans y consacrer cette précieuse *châsse*. C'est une pitoyable économie, et si j'étais archevêque de Paris, j'assiégerais les Tuileries de pétitions jusqu'à ce que ces hideuses armoires fussent enlevées; et s'il n'était pas possible de rendre cette église au culte, je voudrais au moins que l'on pût dire :

La Sainte-Chapelle
Conservait du vieux temps l'oisiveté fidèle.

La longueur de ce joli reliquaire est exactement égale à sa hauteur, qui est partagée, par une galerie, en une église inférieure et une église supérieure, ressemblant ainsi en quelque sorte à la cathédrale bien plus antique d'Aix-la-Chapelle, le haut Munster de cette dernière étant représenté ici par la sainte couronne.

Comme nous nous trouvions au milieu de la nef, M. J**** me montra du doigt certain lieu en disant:

Et bientôt *le lutrin* se fait voir à nos yeux.

Il me plaça précisément à l'endroit où se trouvait jadis ce sujet d'une guerre si acharnée; et je ne pus m'empêcher de penser que si le pauvre chantre trouvait le lutrin aussi laid que moi les ignobles armoires remplies de vieux parchemins, il avait parfaitement raison de faire tout ce qui dépendait de lui pour le faire disparaître.

C'est ici que repose Boileau. C'est sans doute à cause de la liaison qu'il a su établir dans l'esprit de tous les hommes entre sa personne et ce saint lieu que l'on a voulu qu'il y fût enterré; mais il faut avouer que jamais alliance aussi gaie ne fut consacrée par un aussi grave résultat.

La conservation des beaux vitraux peints, qui ont bravé deux révolutions si destructives l'une et l'autre pour des édifices voisins, et avec elles toutes les chances diverses qui menacent naturellement un si fragile trésor, est vraiment miraculeuse, et vu l'extraordinaire sainteté du lieu, les *fidèles* regardent sans doute en effet cette conservation comme un miracle.

On voit une preuve de la haute vénération que l'on avait pour ce petit temple, apparemment à cause des reliques qu'il renfermait, dans la sainte rivalité que les rois et les papes ont montrée à l'envi en le douant de biens et de priviléges. Il paraît que les richesses de ses fonctionnaires dépassaient de beaucoup les bornes de la modération chrétienne; et nonobstant la *petitesse* de leurs états, ils soutenaient leur dignité par des titres et des prérogatives dont jamais *chapelains* n'avaient joui avant eux. Le principal dignitaire de ce chapitre portait le titre d'archi-chapelain, et en 1379, le pape Clément VII lui permit de porter la mitre et de bénir le peuple toutes les fois qu'il s'assemblait, pendant les processions qui avaient lieu dans l'intérieur du palais. Non-seulement cet archi-chapelain prenait le titre de prélat, il existe encore des actes dans lesquels il est traité de *pape de la Sainte-Chapelle*. Pour prix de tant d'honneurs et de richesses, quatre d'entre les sept prêtres qui composaient le chapitre étaient obligés de passer la nuit dans la chapelle pour veiller sur les reliques, ce qui n'empêcha pas que l'année 1575, dans la nuit du 19 au 20 mai, on ne volât une partie de la *vraie croix*. A la vérité on soupçonna que le voleur était le roi Henri III lui-même, qui, se trouvant dans un grand embarras d'argent, et sachant, par expérience, que le commerce des reliques était un commerce vraiment royal, crut pouvoir mettre cette vraie croix en gage auprès de la république de Venise; quoi qu'il en soit, il est certain que ce fragment précieux disparut de la Sainte-Chapelle et que vers la même époque un morceau de la vraie croix fut engagé aux Vénitiens par le roi Henri III.

Je crois devoir, pour votre satisfaction, transcrire d'après Dulaure, une liste des objets les plus sacrés, pour la conservation desquels cette chapelle fut construite.

« Du sang de notre Seigneur Jésus-Christ ;

« Les drapeaux dont notre Seigneur fut enveloppé en son enfance ;

« Du sang qui miraculeusement a distillé d'une image de notre Seigneur, ayant été frappée d'un infidèle ;

« La chaîne et le lien de fer, en manière d'anneau, dont notre Seigneur fut lié ;

« La sainte nappe, en un tableau.

« Du lait de la Vierge ;

« Une partie du suaire dont il fut enseveli ;

« La verge de Moïse ;

« Les chefs des saints Blaise, Clément et Si-
« mon. »

N'est-il pas étonnant que l'empereur de Constantinople ait consenti à se défaire de si précieux trésors pour un peu d'argent ! Je voudrais bien savoir ce qu'il sont devenus.

Dans l'année 1770, on célébrait encore dans cette chapelle, le jour du vendredi saint, la cérémonie d'exorciser les personnes possédées du démon. La formule était très simple et réussissait presque toujours. Aussitôt que tous les démoniaques étaient rassemblés, le grand chantre paraissait portant une croix, laquelle, en dépit de la *supercherie* du roi Henri, renfermait, dit-on, un morceau de la *vraie croix;* et à l'instant même toutes les contorsions et toutes les convulsions cessaient, les possédés devenaient parfaitement calmes et tranquilles, et étaient délivrés de toute espèce de souffrance.

Ayant vu tout ce que cette jolie chapelle renfermait de remarquable, et ayant particulièrement examiné la place illustrée par la fameuse bataille des livres, le *passe-partout* de M. J*** fit ouvrir une petite porte mystérieuse dans la sainte couronne, et après avoir monté quelques marches assez rudes, nous nous trouvâmes sur le toit du Palais de Justice. L'énorme espace qu'occupe au-dessous la salle des Pas-Perdus, est divisé ici en trois galeries, ayant chacune la même longueur que cette salle et le tiers de sa largeur. La manière dont ces galeries sont construites est extrêmement curieuse et ingénieuse; elles méritent bien un soigneux examen. Je ne me suis jamais trouvée dans un lieu plus intéressant. L'énorme collection d'archives qui remplissent ces galeries, toutes rangées dans l'ordre le plus parfait, offre un des spectacles les plus merveilleux que j'aie jamais contemplés.

Au milieu des archives de tant de siècles, on sait trouver en un instant la pièce la plus ancienne ou la moins importante. Notre obligeant ami nous fit voir le volume qui contenait les pièces originales concernant le procès de l'infortunée Jeanne-d'Arc, la plus maltraitée de toutes les héroïnes. Jamais le vice ne brave le danger et ne reçoit la mort avec un courage aussi intrépide qu'elle. On nous fit voir le fatal arrêt qui légalisa l'assassinat de cette vaillante et innocente fanatique.

Plusieurs autres arrêts de mort de personnages célèbres nous furent montrés; dans le nombre il y en avait quelques-uns de fort anciens; mais aucun d'eux n'était signé par une main royale. Ce pénible devoir est rempli en France par un des grands officiers de la couronne, jamais par Sa Majesté en personne.

Nous vîmes ici le curieux procès de la coupable marquise de Brinvilliers, la fameuse empoisonneuse qui non-seulement fit mourir son père, son frère et son mari, à l'instigation de son amant, mais qui paraît avoir encore employé le talent qu'elle possédait pour composer des poisons dans plusieurs autres occasions. Les atrocités commises par cette femme n'ont jamais été égalées, si ce n'est par celles de Marguerite de Bourgogne, l'inconcevable héroïne de la Tour de Nesles.

M. J**** me raconta, à cette occasion, une singulière anecdote d'un Anglais à qui il faisait voir, il y a quelques années, ces mêmes documens. Dans le nombre se trouvait la recette de madame de Brinvilliers pour la composition du poison dont les effets répandirent tant d'horreur à Paris.

« Me permettriez-vous de prendre une copie de cette recette? » demanda l'Anglais.

— « Je ne crois pas que mes droits s'étendent jusque-là » fut la réponse, sans laquelle l'amour de notre compatriote pour les sciences chimiques aurait peut-être contribué à répandre sur toute la terre la connaissance de ce précieux secret.

LETTRE XLIII.

De la manière de faire l'amour à l'anglaise. — Comparaison et conversation à ce sujet. — Fausses idées des Français sur les usages de l'Angleterre.

Il arrive parfois que l'on se trouve inonipément lancé dans la conversation la plus franche et la plus pleine d'abandon, sans avoir eu en la commençant la moindre idée ou la plus légère intention de faire ou de recevoir une confidence.

C'est ce qui m'est arrivé il y a quelques jours, pendant une visite du matin que j'étais allée faire à une dame que je n'avais vue que deux fois, et avec qui je n'avais jamais échangé plus de vingt paroles. Mais dans cette occasion nous nous trouvâmes à peu près tête-à-tête, et nous entamâmes, je ne pourrai pas dire à quelle occasion, une discussion fort animée sur les particularités distinctives de nos deux nations.

Madame B*** n'avait jamais été en Angleterre, mais elle m'assura que la curiosité qu'elle se sentait de visiter notre pays, était aussi forte que celle qui entraînait Robinson Crusoé....

« Au milieu des sauvages ? » interrompis-je.

— « Non, non, non ! à rechercher tout ce qu'il y a de plus curieux sur la terre. »

La phrase ce *qu'il y a de plus curieux* me parut prêter à l'équivoque, et je lui en fis l'observation, en lui demandant si elle l'appliquait aux musées ou aux habitans.

Elle hésita un moment, puis, d'un ton si aimable, et si enjoué qu'il n'aurait pas manqué de désarmer le patriote le plus incarné, elle répondit :

« Eh bien donc..... aux habitans. »

— « Il me semble, dis-je, que nous avons grand soin de ne pas vous laisser manquer d'échantillons de notre race, et vous pouvez les examiner à loisir. Je ne sais d'après cela s'il vaut la peine que vous passiez le détroit pour les mieux voir. Nous venons en nombre si prodigieux en France, que je ne conçois pas que vous puissiez avoir quelque curiosité à notre égard. »

—« Au contraire, reprit-elle, ma curiosité n'en est que plus piquée. J'ai vu tant de délicieux Anglais ici, que je meurs d'envie de les voir chez eux au milieu de tous ces singuliers usages qu'ils ne peuvent apporter en France, et que nous ne connaissons que par les rapports imparfaits des voyageurs. »

Il semblait à l'entendre parler, qu'il fût question des bonnes gens de la crique de Mungo ou de la baie de Karakou ; mais n'étant pas moins curieuse, de mon côté, de savoir quelles étaient ses idées sur les Anglais, qu'elle voulait voir dans leurs demeures éloignées, et au milieu de leurs *singuliers usages*, je la priai de m'apprendre tout ce qu'elle avait entendu dire sur notre compte.

« Vous allez le savoir, me dit-elle ; ce que je désire voir par-dessus toute chose, c'est la manière de faire l'amour *tout-à-fait à l'anglaise.* Vous savez que vous êtes tous si polis que vous prenez toutes nos modes quand vous venez chez nous; mais un de mes cousins, qui était attaché il y a quelques années à l'ambassade française à Londres, m'a décrit la manière dont vous arrangez vos affaires d'amour, comme si... si romanesque, que cela m'a absolument enchantée, et je donnerais tout au monde pour voir *comment cela se fait.* »

— « Veuillez me dire comment il vous l'a décrite, répondis-je, et je vous promets de vous déclarer bien sincèrement si le portrait est exact. »

— « Oh! que vous êtes bonne!... Eh bien donc, continua-t-elle en rougissant un peu, sans doute par l'idée qu'elle allait dire quelque chose de bien atroce; je vais vous raconter précisément ce qui est arrivé à mon cousin. On lui avait donné une lettre de recommandation pour une personne fort riche, membre du parlement, qui habitait avec sa famille son château situé dans une province, et mon cousin lui fit parvenir la lettre. Il reçut immédiatement une réponse fort polie avec une invitation pressante de venir sur-le-champ au château passer un mois de la saison des chasses. Rien ne pouvait lui être plus agréable que cette invitation qui lui procurait la meilleure occasion possible d'étudier les mœurs du pays. Tout le monde peut aller de Calais à Londres et dépenser son revenu de six mois à se promener pendant six semaines, à pied ou en voiture, dans les larges rues de Londres; mais vous savez qu'il est fort difficile d'obtenir l'entrée des châteaux de la noblesse. Enfin, mon cousin enchanté se mit en route immédiatement. Il arriva tout juste à temps pour arranger sa toilette avant le dîner, et quand il entra dans le salon il fut tout-à-fait ébloui de l'extrême beauté des trois filles de son hôte, qui étaient parées, à ce qu'il dit, comme si elles allaient partir pour le bal. Il n'y avait personne que lui, et il fut un peu surpris d'être reçu avec tant de cérémonie.

« Les jeunes personnes chantèrent, et mon cousin, qui est musicien, était dans le ravissement. Il m'a assuré que si son admiration n'avait pas été si également partagée entre les trois sœurs, il serait inévitablement devenu amoureux de l'une d'elles avant la fin de la soirée. Le lendemain matin la famille se réunit de nouveau pour déjeuner. Les jeunes personnes étaient aussi charmantes que la veille, et il ne pouvait toujours décider laquelle des trois il admirait le plus. Pendant qu'il s'efforçait d'être aussi aimable qu'il pouvait, et qu'il leur parlait à toutes avec ce respect timide avec lequel un Français a coutume de s'adresser à des jeunes personnes, le maître de la maison surprit mon cousin, et l'effraya même un peu, en lui disant: Nous ne pouvons pas chasser aujourd'hui, mon ami, car j'ai des affaires qui me forcent à rester au château; vous monterez à cheval avec Élisabeth; elle vous fera voir mes faisans. Élisabeth, préparez-vous à accompagner Monsieur! »

A cet endroit, madame B*** s'arrêta tout court, et me regarda croyant sans doute que j'allais faire quelque observation.

« Eh bien? » fut tout ce que je dis.

— « Eh bien! répéta-t-elle en riant, vous ne trouvez donc rien d'étrange à ce procédé, rien qui sorte des usages ordinaires? »

— «Sous quel rapport? demandai-je; qu'est-ce que vous trouvez dans cette conduite qui sorte des usages ordinaires?»

— «Cette question, s'écria-t-elle en joignant les mains, enchantée de la découverte qu'elle venait de faire; cette question me met plus au fait de ce que je voulais savoir que tout ce que vous auriez pu me dire; elle est la plus forte preuve que ce qui est arrivé à mon cousin est un événement que l'on voit tous les jours en Angleterre.»

— « Mais que lui est-il donc arrivé?»

— « Ne vous l'ai-je pas dit?... le père des jeunes personnes qu'il admirait tant, choisit l'une d'elles et pria mon cousin de l'accompagner dans les bois... ma chère dame... les mœurs nationales sont si différentes... Du reste, je vous conjure de ne pas m'attribuer la pensée que les choses ne puissent pas s'arranger fort bien de cette façon. Mon cousin est un jeune homme fort distingué... il a une excellente réputation... et il héritera un jour de la fortune de son père... seulement la manière est si différente!...»

— « Votre cousin accompagna-t-il la jeune personne? » demandai-je.

— « Non!... il repartit sur-le-champ pour Londres. »

Elle me fit cette réponse avec tant de sérieux; elle montra si clairement qu'elle ne voulait pas dire tout, que ma gravité et ma politesse m'abandonnèrent à la fois. J'éclatai de rire malgré moi.

Mon aimable interlocutrice ne s'en offensa pas et se mit au contraire à rire de son côté. Quand nous eûmes repris notre sérieux, elle dit :

« Vous trouvez donc mon cousin fort ridicule d'avoir quitté si précipitamment le château; *un peu timide, peut-être ?* »

« Oh! non, répondis-je, seulement un peu trop prompt. »

— « Trop prompt! *Mais que voulez-vous ?*... vous avez l'air de ne pas comprendre son embarras. »

— « Peut-être pas complètement; mais je puis vous assurer que son embarras aurait bientôt cessé, s'il avait osé sortir avec cette demoiselle et son écuyer, elle l'aurait sans doute conduit dans une de nos belles faisanderies qui méritent d'être vues; mais très certainement elle aurait été fort étonnée et fort embarrassée à son tour, si votre cousin s'était mis en tête de lui faire la cour. »

« Parlez-vous sérieusement ? » demanda-t-elle en me regardant fixement au visage, de l'air du plus grand intérêt.

— « Très sérieusement; et quoique je ne connaisse pas les personnes de qui vous parlez, je puis vous assurer positivement que c'est seulement par la conviction qu'un homme aussi bien recommandé que votre cousin était incapable d'abuser de la confiance qu'on lui témoignait, que ce père anglais lui permit d'accompagner sa fille dans sa promenade du matin. »

« *C'est donc un trait sublime !* s'écria-t-elle; quelle noble confiance ! Quel honneur délicat ! Cela me rappelle les *paladins* d'autrefois. »

— « Vous vous moquez, je pense, de notre confiante simplicité; mais en tout cas, je vous prie de ne pas croire que moi je me moque de vous, car ce que je viens de vous dire est la chose la plus simple et la plus certaine du monde. »

« Je n'en doute pas, reprit-elle, mais, ainsi que je viens de vous le dire, vous êtes on ne saurait plus romanesques. »

Elle eut l'air de méditer un moment, puis elle ajouta :

« Dites-moi un peu... cela n'est-il pas un peu contraire à ce que nous lisons dans les romans *fashionables*, sur la manière dont on procure des maris aux jeunes personnes en Angleterre ? Vous savez que vous vous refusez le privilége de disposer de vos filles conformément aux intérêts mutuels, et conséquemment, comme il faut en définitive que ces filles se marient, il devient nécessaire que les parens aient recours à d'autres moyens. Tous les Français savent cela, et cela fait qu'ils sont trop prompts à imaginer qu'on veut les engager au mariage en les captivant par des charmes extérieurs. Cette conclusion est si naturelle que vous devez réellement la pardonner. »

— « Je vous la pardonne de bien grand cœur,

mais comme nous avons promis de ne pas nous mystifier réciproquement, j'aurais tort de vous laisser croire que, pour *procurer* des maris aux jeunes personnes, il soit d'un usage reçu en Angleterre de les envoyer faire du sentiment dans les bois avec le *premier venu*. Mais ce que vous avez dit sert à m'expliquer un passage que je lisais l'autre jour dans un ouvrage français, et dont le sens m'embarrassa beaucoup : il s'agissait d'une jeune fille qui avait été abandonnée par son amant, et quelqu'un, reprochant à celui-ci sa conduite, se sert à peu près de ces termes : « *Après l'avoir compromise autant qu'il est possible de compromettre une jeune miss, ce qui n'est pas une chose absolument facile dans la bienheureuse Albion, etc.* » Ce passage m'avait embarrassée plus que je ne puis vous le dire : car le fait est que nous regardons comme une chose si effroyable de compromettre une jeune personne, qu'excepté dans les romans, où il faut absolument que les malheurs de l'héroïne passent toute mesure, en dépit des probabilités et des mœurs nationales, elle n'arrive *jamais*, et cela non pas parce que rien ne peut la compromettre, mais parce que rien de ce qui pourrait la compromettre n'est permis ni même tenté. Dans les classes inférieures, à la vérité, les histoires de séduction ne sont que trop fréquentes; mais l'examen des mœurs nationales, auquel nous nous livrons en ce moment, ne se rapporte qu'aux classes moyennes et élevées de la société. »

Madame B*** m'écouta avec l'attention la plus soutenue, et après que j'eus finis de parler elle garda le silence, comme si elle eût réfléchi à ce qu'elle venait d'entendre. A la fin, elle me dit d'un ton beaucoup plus sérieux que celui qu'elle avait pris jusqu'alors :

— « Je suis bien sûre que tout ce que vous m'avez dit est *parfaitement exact*; votre voix me persuade que vous n'avez l'intention ni d'exagérer ni de plaisanter... *cependant*... je ne puis vous cacher l'étonnement que me font éprouver vos discours. L'opinion reçue parmi nous est que les infidélités cachées des femmes mariées sont moins fréquentes en Angleterre qu'en France, parce qu'il paraît entrer essentiellement *dans vos mœurs de faire un grand scandale*, toutes les fois qu'une pareille circonstance arrive, ce qui, joint aux amendes prononcées par les tribunaux, doit indubitablement agir à cet égard comme un préservatif. Mais de l'autre côté, on pose généralement en fait, que vous êtes aussi indulgents pour les faiblesses des demoiselles, que sévères pour celles des femmes mariées. Dites-moi, je vous en prie, s'il y a quelque vérité dans cette opinion. »

— « Pas la moindre, je puis vous l'assurer. Je suis persuadée, au contraire, qu'il n'y a pas de pays au monde, où l'on exige de la part des femmes non mariées une conduite plus parfaitement pure et plus strictement conforme aux convenances, qu'en Angleterre. La médisance ne peut les atteindre, car de même que tout le monde sait qu'un juif ne peut être membre du parlement, on sait aussi qu'une jeune personne soupçonnée d'une faute meurt sur-le-champ de mort civile. Elle quitte la société pour tomber dans un abîme où elle demeure complètement oubliée. C'est pour cela que je n'ai pas craint de dire qu'une réputation compromise, parmi les femmes non mariées en Angleterre, est une chose qui ne se voit *jamais.* »

— « *Nous nous sommes donc singulièrement trompés sur tout cela*, dit madame B*** ; mais les femmes mariées qui ne sont plus jeunes, continua-t-elle, pardonnez-moi... croit-on réellement qu'elles passent leur vie sans commettre une seule imprudence ? »

Le ton dont cette question me fut faite annonçait que l'on regardait comme absolument impossible que je pusse y répondre affirmativement, que je perdis encore mon sérieux et me remis à rire de bon cœur. Mais au bout d'un moment je l'assurai très gravement que cela était incontestable.

La manière naïve dont elle prononça à son tour les mots: « *Est-il possible?* » aurait pu faire la fortune d'une actrice à ses débuts. Mais dans cette occasion son étonnement n'était point joué. Madame B*** m'assura même que cet étonnement serait partagé par toute Française qui serait, comme elle, assez heureuse pour recevoir de pareils renseignemens d'une bouche non suspecte.

« *Quant aux hommes*, ajouta-t-elle en

riant, *je doute fort que vous en trouviez de si croyans.* »

Notre conversation se prolongea pendant assez long-temps encore, mais quand je vous la répéterais tout entière, vous n'y trouveriez que la confirmatiou du même fait, savoir qu'il existe en France, parmi ceux qui ne connaissent pas parfaitement les mœurs anglaises, une très forte conviction que la manière dont les mariages s'arrangent, par les jeunes gens plutôt que par les parens, produit sur la conduite de nos femmes non mariées un effet qui non seulement n'existe pas, mais qui est encore si parfaitement absurde, qu'une idée semblable n'aurait même jamais pu entrer dans la tête d'un Anglais.

Il y a si peu d'occasions pour qu'une intimité quelconque s'établisse entre des Anglaises et des Françaises, qu'il ne nous est pas très facile de découvrir ce qu'elles pensent réellement de nous. Madame B*** ne prononça pas un mot qui pût me faire soupçonner qu'il se mêlât le moindre sentiment de réprobation ou de mépris, à son opinion de la liberté extraordinaire qu'elle voyait que nous accordions aux jeunes personnes. Il était impossible de montrer plus d'indulgence qu'elle, en parlant de ce qu'elle appelait nos *singularités nationales*. La seule chose qui donna lieu de sa part à une expression un peu dure, fut la manière dont nos divorces sont obtenus et payés.

« *Se faire payer pour une aventure semblable !.... Publier un scandale si ridicule, si offensant pour son amour-propre, si fortement contre les bonnes mœurs, pour en recevoir de l'argent,* était, selon elle, parfaitement incompréhensible dans une nation *de si braves gens que les Anglais.* »

Je fis de mon mieux pour défendre notre manière de procéder en pareil cas, en alléguant la justice et la morale; mais les préjugés des Français, sur ce point, sont trop enracinés pour pouvoir être ébranlés par une éloquence comme la mienne. Nous nous séparâmes, toutefois, les meilleures amies du monde, et fort contentes l'une et l'autre des renseignemens que nous avions obtenus.

Cette conversation n'offre qu'un seul

exemple, parmi une foule d'autres, des erreurs dans lesquelles les Français tombent journellement quand ils parlent de l'Angleterre. N'est-il pas juste de penser aussi que, dans bien des cas où nous nous croyons parfaitement instruits de ce qui a rapport à la France, nous commettons des bévues non moins grossières? Il est certain que la mode, devenue depuis peu si générale, d'aller passer huit ou quinze jours à Paris, doit avoir familiarisé une foule de personnes avec l'aspect extérieur du pays entre Calais et la capitale, ainsi qu'avec la plupart des objets les plus remarquables de Paris lui-même; avec ses églises et ses salles de spectacles, sa petite rivière et ses grands cafés; mais il n'y a qu'un bien petit nombre de ces voyageurs pressés, qui voient la société française autre part que dans les lieux publics, ce qui leur donne de cette société une idée à peu près aussi juste que celle que donneraient de l'Angleterre nos romans et nos journaux à celui qui se contenterait de les lire. J'ai eu plus d'une occasion de juger par moi-même, tant parmi les Anglais que parmi les Français, combien peu ces visites passagères sont réellement instructives; mais la preuve la plus forte m'en a été offerte à un dîner chez une dame veuve, qui comprend parfaitement notre langue, qui lit beaucoup de livres anglais, et qui s'intéresse particulièrement à leurs auteurs. Elle n'a pourtant jamais été en Angleterre, et elle éprouve une sorte de vénération pour ceux d'entre ses compatriotes qui, plus heureux qu'elle, ont pu nous voir face à face sur notre propre sol.

Le jour que je dînai chez elle, un de ces grands voyageurs me fut présenté comme un homme qui connaissait parfaitement notre pays. Son nom fut placé sur le couvert à côté de celui qui m'était destiné à table, et il était clair que l'on espérait nous être mutuellement agréables en nous procurant l'occasion de lier conversation ensemble. Ne l'ayant jamais vu ni avant ni depuis, et bien convaincu que je ne le reverrai de ma vie, je ne crois pas commettre une indiscrétion en vous faisant part de quelques-unes des idées que, dans le cours de ses voyages, il s'était formées au sujet de l'Angleterre.

La première remarque qu'il fit après que nous fûmes placés à table fut celle-ci :

« Je ne crois pas que vous usiez de serviettes en Angleterre. Ne les trouvez-vous pas un peu embarrassantes ? »

Voici la seconde :

« J'ai remarqué pendant mon séjour en Angleterre qu'il n'est pas d'usage de manger de la soupe. J'espère pourtant que vous ne la trouvez pas désagréable au goût. »

« Vous n'avez pas, je crois, de cuisine nationale, » fut sa troisième remarque, et il se montra réellement éloquent sur cette singularité dans nos coutumes. « Cependant, après tout, ajouta-t-il, comme pour me consoler, la France est, au fait, le seul pays qui en ait une; celle d'Espagne est trop huileuse, celle d'Italie trop épicée. Nous avons envoyé des artistes en Allemagne ; mais la cuisine qu'ils font ne peut pas s'appeler *cuisine nationale*. A vrai dire, cependant, le *rosbif* d'Angleterre ne vaut guère mieux que la viande sèche des Tartares. Un Français mourrait de faim en Angleterre si son bonheur ne l'amenait pas chez quelqu'un des artistes importés de France. Heureusement cela n'est pas difficile à présent. »

Je lui demandai s'il avait dîné souvent dans des maisons particulières.

— « Non ; mon temps était trop occupé pour pouvoir me le permettre. »

— « Nous avons pourtant quelques bons hôtels à Londres. »

« Mais point de tables d'hôtes, répondit-il en haussant les épaules ; mais j'ai pourtant trouvé moyen de m'arranger assez bien, car je n'ai jamais dîné autre part que dans les célèbres établissemens de Leicester-Square. C'est, je crois, le quartier le plus à la mode de Londres, ou du moins celui où se trouvent les restaurans les plus suivis. »

Je pris la liberté de lui faire observer bien poliment qu'il y avait des quartiers à Londres plus à la mode et des hôtels où l'on faisait une meilleure cuisine que dans ceux de Leicester-Square ; mais cette observation parut déplaire au voyageur, et la *belle harmonie* qu'on avait voulu établir entre nous en fut évidemment ébranlée, car je lui entendis dire à demi-voix à la personne assise de l'autre côté, et qui avait écouté attentivement notre conversation :

« *Pas exact.* »

LETTRE LIV.

Nouvelles réflexions sur la Société française. — Influence du Clergé anglais sur le ton de la Société.

Quoique je demeure toujours convaincue que la véritable société française, c'est-à-dire la société des personnes bien élevées des deux sexes, est la plus gracieuse, la plus animée, la plus séduisante du monde, je pense toutefois qu'elle n'est pas aussi parfaite qu'elle pourrait l'être si l'on était un peu plus difficile dans le choix des personnes que l'on y admet.

Quiconque connaît la bonne société en France doit être persuadé qu'il s'y trouve et des hommes et des femmes qui, aux grâces les plus aimables de la vie sociale, joignent les vertus les plus solides; mais il est aussi impossible de nier que tout admirables que sont quelques individus de ce cercle, ils exercent envers des personnes moins estimables qu'eux une tolérance qui ne laisse pas que de choquer nos opinions, quand le hasard nous apprend certaines anecdoctes authentiques concernant ces personnes.

Il est heureusement impossible, et ce ne serait en tous cas pas très sage, de lire dans le cœur de toutes les personnes reçues chez une dame de Paris ou de Londres, afin de découvrir le mystère de ce qui s'y passe. On ne doit pas s'attendre que les maisons qui reçoivent beaucoup de monde puissent scruter ainsi toutes les personnes qui y sont admises; mais partout où la société est bien ordonnée, il me semble que l'on ne devrait pas en accorder l'entrée à des individus de l'un ou de l'autre sexe de qui la conduite extérieure et visible aurait attiré sur eux les yeux du monde et la réprobation des gens vertueux.

Or, on ne saurait nier que cela n'ait lieu plus fréquemment en France qu'en Angleterre, et quoiqu'il y ait beaucoup de personnes qui se refusent consciencieusement à toute liaison de ce genre, et plus encore qui font clairement connaître par leur conduite que leur ame ne sympathise pas avec ceux dont elles sont forcées de souffrir le contact, je ne puis m'empêcher de penser qu'il est fort à regretter qu'un pareil levain de désunion s'introduise dans les salons, qui sans cela seraient à la fois plus agréables et plus dignes de respect.

Une des raisons, à mon avis, pour lesquelles il y a ici moins de sévérité dans le choix des sociétés, c'est qu'il n'y a point d'individus, ou pour mieux dire, point de classe d'individus, dans le vaste cercle qui constitue ce que l'on appelle *en grand* la société de Paris, qui ait le droit de prendre la parole et de dire : « Ceci ne doit pas être. »

Heureusement, chez nous, le cas est différent, du moins pour le moment. Le clergé d'Angleterre, ses respectables épouses et ses filles si bien élevées, forment une caste distincte, à laquelle rien ne ressemble sur tout le vaste continent de l'Europe. Mais cette caste, quoique plus ou moins mêlée avec toutes les autres, a une dignité et une teinte aristocratique qui lui appartient en propre et dans laquelle se trouvent mêlés et la haute naissance, et la science, qui dans plus d'une occasion a mis ses possesseurs au niveau de la noblesse, et la piété qui élève au-dessus du rang et de la science ceux qu'une vie d'une pureté sans tache rend illustres même dans la sainte profession qu'ils ont embrassée.

Quand de tels hommes se rencontrent habituellement dans la société comme ils le font en Angleterre, quand ils y amènent avec eux les femmes qui composent leurs familles, il n'est guère à craindre que le vice effronté ose s'y présenter à côté d'eux.

On ne saurait nier en effet que plus d'une femme de vertu douteuse, qui n'hésiterait pas à se montrer hardiment dans la société la plus distinguée, reculerait devant l'idée d'y rencontrer les dignitaires de l'église; et il est également certain que plus d'une donneuse de belles soirées, indiscrète, facile et insouciante, s'est privée de la satisfaction d'ajouter à l'éclat à son bal, en y invitant telle beauté célèbre, parce qu'elle s'est dit : « Il est impossible d'avoir milady A, ou mistress B, quand l'évêque et sa famille doivent venir. »

Il ne faut pas croire que cette influence salutaire n'agisse que sur les classes élevées de la société. Le curé de la paroisse, et même son jeune vicaire, presque imberbe encore, produisent le même effet dans des cercles plus modestes. En un mot, partout où paraît un ecclésiastique anglais ou sa famille, on est sûr de trouver la décence, et de ne point rencontrer le vice effronté, qu'il est si dangereux de tolérer.

Si jamais cette contrainte venait à nous peser, si jamais nous éprouvions le désir d'être délivrés du cruel reproche de leur bienfaisante présence, pour nous mêler librement à ce que le vice a d'agréable, si jamais, dis-je, nous arrivions à cet état, alors le moment sera venu d'adopter le bill de l'Eglise d'Irlande.

Ces réflexions m'ont été imposées forcément par une réponse qui m'a été faite l'autre soir par une dame de ma connaissance à qui je demandais le nom d'une femme dont j'admirais la tournure et la mise élégante.

« C'est madame de B***, me répondit-on ; ne l'avez-vous jamais rencontrée? On la voit partout. »

Je répliquai que je l'avais effectivement déjà vue une ou deux fois, mais que j'ignorais son nom, et j'ajoutai que ce n'était pas seulement son nom, mais encore quelques petits détails sur sa personne que je désirais apprendre. Elle avait l'air d'un personnage, d'une héroïne, d'une sibylle ; en un mot, c'était une de ces têtes et de ces bustes que tout le monde paraît avoir le droit de regarder fixement comme un tableau ou une statue. Elle semblait faire partie de l'ameublement du salon ; seulement elle excitait un peu plus d'intérêt et de curiosité.

« Pourriez-vous m'instruire de ce que je voudrais savoir ? demandai-je. Je n'ai jamais vu de figure aussi pittoresque ; on dirait que l'esprit de Titien a présidé à sa toilette. »

« Pour moi, je crois que ce n'est que l'esprit de coquetterie, répondit mon amie en souriant; mais puisque vous désirez si fort la connaître, je puis vous dire son histoire en deux mots :

elle est riche, noble, spirituelle, mêlée à la politique et galante. »

Je ne crois pas avoir montré de l'étonnement à cette réponse, je suis trop accoutumée à l'usage des salons pour témoigner hautement de la surprise de quoi que ce soit; mais mon amie me regarda, et ajouta en riant :

« Seriez-vous étonnée de la voir ici?... mais je vous ai déjà dit que vous la rencontrerez partout, excepté pourtant *chez moi*, et dans un petit nombre de maisons très arriérées dans la mode. »

La dame à qui je parlais, quoique fixée depuis longues années à Paris, était d'origine anglaise; je crus pouvoir me permettre de lui faire connaître ma surprise de ce qu'une personne telle qu'elle venait de décrire madame de B*** pût être si généralement reçue dans la bonne société.

« Je conviens, répondit-elle, que cela est surprenant; et plus encore peut-être pour moi que pour vous, puisque je connais si parfaitement la vertu et la réputation irréprochables de bien des personnes qui la reçoivent. Je regarde ceci, continua-t-elle, comme un des traits les plus singuliers de la société parisienne. Si, comme beaucoup de voyageurs l'ont faussement insinué, les femmes de Paris étaient généralement corrompues, cela ne serait pas extraordinaire, mais il n'en est point ainsi. Toutes les fois que ni le mari, ni les parens, ni les domestiques, ni personne, n'a le désir ou l'intention de découvrir et de publier les faiblesses d'une femme, ces faiblesses peuvent, à la rigueur, exister malgré cela, mais ce sont des choses dans lesquelles la société n'a aucun droit d'intervenir; les personnes que leur caractère ou la tournure de leur esprit portent à soupçonner le mal, partout où il est possible qu'il existe caché, se privent du plaisir de l'amitié, fondée sur l'estime, par la seule possibilité que quelques fautes cachées en rendent peut-être indigne. Si de pareils caractères se rencontrent rarement en France, ce n'est pas là une preuve de la dépravation des mœurs nationales; mais lorsqu'une conduite notoirement irrégulière a amené une femme devant la barre de l'opinion publique, il me paraît, je l'avoue, très extraordinaire qu'une personne comme celle chez qui nous nous trouvons, et beaucoup d'autres également irréprochables, consentent à la recevoir. »

« Je présume, dis-je, que madame de B*** n'est pas la seule personne qui jouisse de cette tolérance si remarquable. »

— « Non, certes. Il y en a beaucoup d'autres dont les liaisons sont aussi connues que les siennes et qui sont de même admises dans les meilleures sociétés. Mais remarquez bien que je ne connais pas un seul exemple où on leur ait permis de pénétrer dans le cercle plus resserré de l'intimité domestique. Personne à Paris ne semble croire qu'il ait le droit de scruter la conduite de toutes les *élégantes* qui remplissent ses salons; mais je crois que l'on y est aussi difficile que nous dans le choix des *amies* particulières. Voilà cependant à quoi se bornent ici les idées de convenances, et l'on ne songe pas plus à sortir d'un salon où l'on voit madame de B***, qu'une dame de Londres ne croirait devoir se dispenser d'aller à l'Opéra parce qu'elle aurait aperçu la voiture de lady *** à la porte de la salle. »

« Il n'y a aucun rapport entre ces deux cas, » dis-je.

— « Non, vraiment, mais il n'en est pas moins certain que les Parisiens n'en sentent pas la différence. »

Quant à moi, je suis d'avis que cela provient beaucoup moins de la dépravation des mœurs que de la facilité du caractère; *sans-souci*, est la devise chérie de la nation entière; et comment pourrait-elle agir en conséquence, s'il fallait se livrer à l'embarrassante tâche d'expulser de la société toutes les personnes qui ne méritent point d'y entrer? En attendant, quoique bien convaincue, comme je viens de le dire, que cette différence dans la tolérance morale qu'exercent les deux nations ne tient point au relâchement des mœurs, je ne puis m'empêcher de penser que notre système à cet égard est préférable. Il est plus favorable, non-seulement à la vertu, mais encore à des relations agréables et exemptes de contrainte; et quand ce ne serait que pour cette raison, nous avons le plus grand intérêt à maintenir le respect et la dignité de cette classe, dont la présence seule suffit pour garantir au moins la réputation d'honnêteté de tous les cercles dans lesquels elle se montre.

Je ne puis m'empêcher de faire ici une observation qui, à dire vrai, n'a que peu de rapport avec Paris et les Parisiens, dont je devais faire le sujet de mes lettres tant que je resterais parmi eux. A-t-on assez réfléchi jusqu'à quel point cette importante influence serait détruite dans les cercles élevés, qui de tout temps servent de modèles à ceux qui sont placés au-dessous d'eux, si les richesses, le rang et les honneurs séculiers dont jouit aujourd'hui le clergé, lui étaient enlevés? Je ne prétends pas disconvenir qu'un ecclésiastique, soit évêque, prêtre ou diacre, ne puisse remplir les devoirs de son ministère, à l'autel ou dans la chaire, quoique en sortant de l'église il lui faille retourner à pied à une modeste habitation et s'asseoir devant une table frugale ; il remplira, dis-je, ces devoirs à l'entière satisfaction des riches et des grands, quoique sa pauvreté ne lui permette pas de prendre place au milieu d'eux; mais tant que sa position sera telle, il lui sera impossible de produire sur la société et d'exercer sur les mœurs du peuple cet effet et cette influence que l'on serait en droit d'attendre de lui si sa position et sa puissance temporelle étaient de nature à l'élever, même aux yeux des personnes les plus mondaines.

Parmi toutes les espèces d'hypocrisie dont on est condamné de nos jours à entendre le langage, il n'y en a point qui m'impatiente autant que celle qui prêche *l'humilité de l'Église*.

S'il y avait seulement une ombre de raison ou de logique dans les argumens tirés de l'Ecriture en faveur de l'avilissement du clergé, il faudrait nécessairement admettre aussi que, pour suivre l'exemple de leur divin maître, tous les prêtres devraient appartenir à la classe des charpentiers et des pêcheurs. Si nous pouvions imaginer qu'une nouvelle révélation de la divinité pût être accordée à l'homme, il serait assez naturel de concevoir que le riche don de l'inspiration directe serait de nouveau confié à ceux qui n'auraient ni science, ni connaissance, ni argent, ni pouvoir d'aucune espèce pour combattre ou résister, pour expliquer ou affaiblir la communication qu'il serait de leur devoir simplement de constater et de répandre. Mais la parole éternelle de Dieu, une fois prononcée, s'ensuit-il que ceux qui ont été soigneusement instruits dans toutes les connaissances variées, qui peuvent aider et donner de la force et de l'autorité à la propagation de cette parole, soient seuls d'entre tous les hommes condamnés à passer éternellement leur vie dans les rangs inférieurs de la société, afin d'imiter l'humilité du Sauveur du monde?

Je ne sais s'il y a plus de sottise ou de blasphème à prétendre cela. Quand Dieu s'imposa le devoir de prêcher lui-même à l'homme sa sainte volonté, il fit un grand acte d'humilité, tandis qu'au contraire les hommes qui se chargent d'instruire leurs semblables dans la loi qui nous a été si solennellement laissée, rehaussent considérablement leur dignité; et toutes les fois que cette charge est bien remplie, un des premiers devoirs de ceux qui croient en la doctrine qu'ils prêchent, est de les honorer d'une façon que les mortels puissent comprendre et apprécier. S'il s'en trouve qui ne remplissent pas les devoirs de cette sublime profession aussi strictement qu'ils le peuvent, qu'ils soient dégradés comme ils le méritent; mais tant qu'ils la conservent, qu'on ne leur refuse pas le rang et la position auxquels tous leurs concitoyens aspirent chacun dans sa sphère, et cela sous le ridicule prétexte de les maintenir dans l'humilité!... Hélas! notre église si long-temps vénérée et ses ministres outragés, ne seront en effet que trop humiliés si leur destinée et leur fortune sont laissées à la merci des hommes qui depuis peu se sont faits leurs législateurs. Il m'arrive souvent d'éprouver un vague sentiment d'incrédulité, en lisant ce qui s'est passé à cet égard dans la chambre des communes. Je ne puis *réaliser*, pour me servir d'une expression américaine, que la majorité du parlement d'Angleterre, consente à se laisser mener en aveugles sur un point de cette importance, par un petit nombre d'ignorans papistes. Je me flatte qu'à mon retour en Angleterre, je reconnaitrai que tout cela n'était qu'un songe.

Pardonnez-moi, de grâce, cette longue disgression ; je tâcherai de vous en dédommager en vous écrivant demain sur le sujet le plus français que je pourrai trouver.

LETTRE LV.

L'Opéra. — Ses anciens priviléges. — On s'y ennuie et l'on y va pourtant. — La Musique. — La Danse et les Décorations. — *La Juive*. — Musique nationale. — Musiciens ambulans.

Puis-je mieux tenir la promesse que je vous ai faite hier, qu'en consacrant cette lettre au *grand Opéra?* Y a-t-il rien au monde qui soit aussi parfaitement français que cela? On peut trouver autre part quelque chose qui ressemble au joli *Opéra-Comique;* nous en avons eu nous-mêmes, et l'Italie a ses bouffes. L'Opéra-Italien de Paris trouve un rival dans notre Haymarket. Mais si nous sortons de Paris, où trouverons-nous rien à comparer à *l'Académie Royale de Musique?... au grand Opéra?... à l'Opéra par excellence?...* Je crois pouvoir hardiment répondre : Nulle part.

C'est une institution dont les frais sont si énormes, que bien que la salle soit constamment remplie, et attire plus de monde peut-être qu'aucun autre théâtre de l'Europe, il lui serait impossible de se soutenir sans l'aide du gouvernement. La prédilection extraordinaire des Français pour ce spectacle paraît avoir existé sans aucune interruption dans la haute société, en dépit des changemens de la mode, ou de la faiblesse momentanée des exécutans, depuis Louis XIV jusqu'aujourd'hui. Cet immortel monarque dont la parole remplaçait la loi, commença par accorder à l'abbé Perrin le privilége de cet établissement, mais ne tarda pas à le lui enlever pour le transférer avec plus d'extension encore à Lulli. Dans ce dernier acte il est dit que : « *tous gentilshommes et de-*
« *moiselles puissent chanter auxdites pièces*
» *et représentations de notre dite Académie*
« *Royale, sans que pour cela ils soient censés dé-*
« *roger audit titre de noblesse et à leurs privi-*
« *léges.* »

C'était là, il faut en convenir, un singulier moyen d'élever ce jouet chéri de la haute société au-dessus de tous les autres. Voltaire se laissa prendre au charme comme les autres, et voici comment il exprime les sentimens que lui inspire l'Opéra :

> Il faut se rendre à ce palais magique,
> Où les beaux vers, la danse, la musique,
> L'art de charmer les yeux par les couleurs,
> L'art plus heureux de séduire les cœurs,
> De cent plaisirs font un plaisir unique.

Mais la partie la plus incompréhensible de l'affaire, c'est qu'avec tout cet enthousiasme, qui va plutôt en augmentant qu'en diminuant, tout le monde déclare qu'il *s'ennuie à la mort* à l'Opéra.

Ce n'est pas l'ennui que je regarde comme incompréhensible; le ciel m'est témoin que je le conçois fort bien : mais comment, dès qu'on l'avoue, on peut continuer à se faire à soi-même le chagrin de s'y exposer volontairement deux ou trois fois par semaine.

Si la fréquentation de l'Opéra était, comme chez nous, une sorte de règle d'après laquelle on ferait juger de son goût pour la musique et les *autres beaux-arts*, cela serait bien moins difficile à comprendre; mais il n'en est pas ainsi, car l'orchestre est beaucoup plus parfait, soit à l'Opéra-Italien, soit à l'Opéra-Comique; d'ailleurs la manière de chanter au grand Opéra ne paraîtra jamais supportable à aucun véritable amateur de musique. Lorsqu'en écoutant les récitatifs de l'Académie Royale, on se sent tout à coup assailli par le souvenir des opéras italiens ou allemands, on éprouve une sensation d'impatience, dont ne sauraient se faire une idée les personnes qui ne l'ont jamais ressentie.

Si cependant, ne se laissant pas séduire par le nom d'opéra, et renonçant à toutes prétentions d'entendre de bonne musique, on se rend à ce magnifique théâtre dans le but de voir les décorations les plus belles et les mieux ordonnées du monde, on ne sera du moins pas trompé dans son attente; quoique, selon toute apparence, long-temps avant la fin de la représentation, on doive se sentir fatigué à l'excès de contempler et d'admirer ce brillant spectacle. Je viens de citer ce que Voltaire a dit de l'Opéra, dans un moment où il voulait

montrer particulièrement à la mode, ou bien quand il fut amoureux de quelque chanteuse célèbre, Sophie Arnould peut-être. C'est plus sérieusement, je pense, qu'il s'exprimait quand, quelques années après, il dit : « L'Opéra n'est
« qu'un rendez-vous public, où l'on se ras-
« semble certains jours sans trop savoir pour-
« quoi : c'est une maison où tout le monde va,
« quoiqu'on pense mal du maître et qu'il soit
« assez ennuyeux. »

Cette petite phrase *où tout le monde va*, contient, à ce que je soupçonne, la véritable solution de l'énigme. « L'homme est un animal sociable, » disent les philosophes, et c'est pour se conformer à cette loi bien connue de la nature, que les personnes des deux sexes s'assemblent par milliers, en dépit de la plus *triste musique* et de l'atmosphère la plus étouffante, dans l'enceinte de cette belle lanterne magique.

Quant à sa beauté, je suis en ce moment, plus que jamais, disposée à en rendre témoignage, car nous venons de rassasier nos yeux du plus magnifique spectacle que jamais il soit entré dans la pensée des hommes *d'étaler* sur un théâtre. Ce superbe spectacle est connu sous le nom de *la Juive*, mais il devrait plutôt s'appeler *le Cardinal*, car une Éminence en est plutôt le véritable héros. M. Halevy en a composé la musique, et M. Scribe est l'auteur des *paroles*.

M. Scribe a une si haute réputation comme auteur dramatique, qu'il peut, je pense, se jouer un peu de sa renommée, sans courir le risque de se faire du tort. En attendant, comme l'Académie Royale de Musique est autorisée à fournir des traites sur le trésor pour subvenir à ses besoins, il faut espérer que l'auteur de *Bertrand et Raton*, aura été bien payé pour avoir prêté son nom aux porte-manteaux auxquels, pour l'amusement des curieux, on a suspendu l'hermine et le velours, la plume et les fleurs, les chapeaux de cardinal et les manteaux d'empereur dont cette pièce abonde. Je ne pense pas du reste qu'elle ait coûté de longues veilles au poète. Il se sera peut-être rappelé cette excellente maxime du *Barbier de Séville* :

« Ce qui ne vaut pas la peine d'être dit, on le chante. »

Parmi les paroles dignes, d'après cette règle, de se voir condamnées à être mises en musique, je citerai les suivantes :

>Fille chère,
>Près d'un père,
>Viens mourir ;
>Il pardonne
>Quand il donne
>La couronne
>Du martyr !
>Plus de plainte ;
>Vaine crainte
>Est éteinte
>En mon cœur.
>Saint délire,
>Dieu m'inspire,
>Et j'expire
>Vainqueur !

Mais par malheur la musique est aussi nulle que les paroles. Il y a toutefois un passage singulièrement expressif et beau. C'est le chœur qui ouvre le second acte, quand une société de juifs, rassemblés pour faire la pâque, chantent une prière en ces mots :

>O Dieu de nos pères,
>Toi qui nous éclaires,
>Parmi nous descends, etc. etc.

Ceci est très beau, quoiqu'il offre peut-être trop de ressemblance avec le *Dieu Israël*, du *Joseph* de Mehul, pour que l'on en puisse louer l'originalité.

Cependant, malgré tous ces points faibles qui prêtent tant à l'attaque, *la Juive* attire des milliers de spectateurs toutes les fois qu'on la représente. Avant de parvenir à la voir, nous avions, à deux reprises, vainement tenté de pénétrer dans la salle, et l'on nous avait assuré qu'il n'y avait pas même de place pour se tenir debout.

Au nombre des attraits qu'offre cet opéra, il y en a deux tout-à-fait nouveaux pour moi, sous ce rapport. L'un est l'exécution d'un *Te Deum*, et l'autre l'apparition des chevaux de Franconi.

Mais après tout, il me parait clair que, quel qu'ait été dans l'origine le but de cette institution, avec ses écoles de musique et de danse, son patronage royal et sa prodigalité légale, aujourd'hui toute sa gloire repose sur les talens de la famille Taglioni, et sur ceux des divers décorateurs qui ont imaginé et mis en scène ce modèle extraordinaire de magnificence théâtrale.

J'ai vu bien des spectacles de ce genre à Londres ; mais certainement rien qui puisse le moins du monde se comparer à celui-ci. Il y a bien quelques scènes détachées, telle par exemple que le bal masqué de *Gustave*, qui, pour l'effet du premier coup d'œil, valent celles de *la Juive* ; mais c'est la convenance extraordinaire et la perfection de tous les accessoires qui font que dans cette pièce la mise en scène est digne d'être étudiée profondément, depuis le commencement jusqu'à la fin. Je me rappelle d'avoir lu dans certaine histoire de Paris, que l'on était si sévère sur le costume au grand Opéra, que le directeur, avant de jouer les *Trois Sultanes*, crut devoir faire demander des modèles à Constantinople. Il est évident que l'on a dû prendre les mêmes précautions avant de mettre sur le théâtre une partie considérable de la cour de Rome, et la cour tout entière de l'empereur Sigismond.

Mais malgré toute ma faiblesse féminine pour le velours, le satin, le drap d'or et l'hermine, je dois avouer que, malgré leur importance réelle, ce ne sont là que des objets secondaires dans la magie des effets scéniques de *la Juive*. L'arrangement et la disposition des décorations étaient tout-à-fait nouvelles pour moi. Les coulisses ont disparu, et, ce qui est plus important encore, ces admirables machinistes ont trouvé moyen de jeter en travers du théâtre ces masses d'ombres accidentelles à l'aide desquelles la nature produit ses plus brillans effets, de sorte que les yeux, au lieu de contempler l'éclat de la lumière réfléchie de la rampe, tempérée de temps à autre par le pâlissement du gaz quand on veut imiter la nuit, sont maintenant enchantés et séduits par le même mélange de lumière et d'ombre qu'un peintre sait donner à un tableau.

Quant à la manière dont cela se fait, je l'ignore complètement. Je suis sûre qu'il y a maintenant des choses au-dessus, au-dessous et autour du théâtre de l'Opéra que la philosophie du charpentier pourrait seule expliquer. Dans la première scène de *la Juive*, une église majestueuse élève sa sombre façade au centre même du théâtre et jette d'un côté une ombre aussi belle, aussi riche, aussi noire que Notre Dame elle-même le pourrait faire. Dans une autre scène, la moitié du théâtre paraît abaissée au-dessous du niveau de l'œil et disparaît complètement, un parapet peu élevé marquant les bords de la rivière. Notre loge était parfaitement située, et quoique peu éloignés du théâtre, nous eûmes beau chercher différens points de vue, il nous fut impossible de déterminer la fin des planches et le commencement des décorations. Nous ne pûmes pas non plus nous lasser d'admirer l'arrangement des groupes, non seulement quant aux combinaisons de grâce et de beauté, mais encore par leur variété; ces groupes sont si hardis et si pittoresques, que l'on pourrait croire que Murillo lui-même en a tracé l'esquisse.

Si tout cela nous avait été montré en deux actes au lieu de cinq, nous serions rentrés chez nous dans l'enchantement et de l'humeur la plus gaie du monde. Mais cinq actes de lanterne magique sont trop ; aussi nous nous surprîmes bâillant et parlant de Grétry, de Mehul, de Nicolo et de je ne sais qui encore; en un mot nous devînmes tristes et pesans à l'excès.

Nous nous entretenions dans cette humeur peu aimable, en nous communiquant mutuellement nos pensées, quoique d'une voix si basse que nous ne pouvions point être entendus hors de notre loge et que nous croyions être certains que la seule personne étrangère qui s'y trouvait avec nous ne comprenait point l'anglais. Mais en ceci nous nous trompions terriblement : quoique en apparence Français *jusqu'au bout des ongles*, nous ne tardâmes pas à découvrir qu'il parlait anglais aussi bien que nous; et il eut la politesse de nous le faire savoir avant que nous eussions professé des opinions qui sentissent par trop le *John Bull.*

Mais ce qu'il y eut de plus heureux, c'est que nous fûmes parfaitement d'accord dans notre jugement. Il déplora la décadence de la musique dans le théâtre qui aurait dû lui être spécialement consacré, et parla avec enthousiasme du Théâtre-Italien et de sa grande supériorité à cet égard sur tous les autres de Paris. Je regrette beaucoup qu'il soit fermé en ce moment; mais je me rappelle fort bien qu'il y a sept ans, j'en jugeai absolument de même.

Les Anglais et les Français sont en général mis sur la même classe; comme n'ayant point de musique nationale. Il y a cependant dans les deux pays des airs charmans, d'une grande originalité et qui subsisteront aussi long-temps qu'il sera permis aux modulations du son d'enchanter les oreilles des hommes. Je ne prétends pas toutefois en appeler d'un arrêt trop souvent répété pour n'être pas reçu partout comme une vérité. Mais malgré cette absence d'une école distincte de musique nationale, on ne saurait douter que les peuples des deux pays ne soient attachés avec ardeur à cette science. L'un et l'autre font pour obtenir de bonne musique des sacrifices auxquels les heureux Allemands ou les Italiens ne songeraient jamais. Je crois aussi que l'on aurait tort de regarder la manière de chanter actuellement à l'Académie royale, comme une preuve que l'on aime moins la musique en France qu'on ne le faisait. Les dépenses extraordinaires que l'on a faites pour les décorations et pour la pompe et la splendeur de la mise en scène, suffiraient pour attirer et éblouir les yeux d'un peuple plus penseur encore que les Parisiens, et la perfection sans exemple, à laquelle le machiniste a trouvé moyen de porter l'illusion en ce qui regarde les objets inanimés, peut bien permettre au directeur de se relâcher un peu sur les autres moyens de succès.

Mais ceci ne durera pas. Le peuple français aime véritablement la musique et il en veut. Il est plus que probable que cette branche des travaux de l'Académie royale reprendra bientôt une nouvelle vie, et si avec cela elle conserve sa supériorité sous le rapport des décorations, elle redeviendra digne d'attirer un public éclairé.

Je crois que les Français nous regardent comme encore plus dépourvus qu'eux de droit à passer pour des amateurs de musique; mais quel que soit mon respect pour leur jugement sur des choses de ce genre, je ne suis nullement d'accord avec eux à cet égard. A quelle époque la France a-t-elle déployé, soit dans sa capitale, soit partout ailleurs, un élan aussi vif d'enthousiasme musical que celui qui a été produit par les solennités de l'abbaye de Westminster et d'York?

Ce n'était pas pour encourager une école de musique anglaise que furent faits ces grands efforts, et ce ne furent pas des accords nationaux qui retentirent sous ces voûtes; mais ce fut le goût anglais, le sentiment anglais qui, aujourd'hui comme jadis, conçurent et exécutèrent un système d'harmonie plus parfait et plus sublime que rien de ce que j'ai entendu en aucun autre pays.

Je ne crois pas non plus qu'il existe d'institution musicale d'un goût aussi pur que nos concerts d'ancienne musique. Quoique les compositions qui s'y exécutent ne soient qu'en partie anglaises, le style et la manière le sont complétement, et je pense que toute personne qui aime véritablement et sincèrement la science doit sentir qu'elle offre un caractère qui, vu l'estime dont elle jouit depuis tant d'années, doit disculper la nation entière de l'accusation de manquer de goût musical.

Il y a une branche de la *gaie science*, si je puis l'appeler ainsi, que je m'attends toujours à trouver en France, mais au sujet de laquelle j'ai toujours été jusqu'à présent désappointée. Je veux parler de l'humble classe des musiciens ambulans. En Allemagne ils abondent, et il arrive souvent que leurs accords enchantent le cœur et l'oreille des amateurs les plus difficiles. Mais quand il m'arrive de rencontrer en France un troubadour ambulant, je n'éprouve jamais le désir de m'arrêter pour l'entendre. En attendant je ne prétends pas dire que les Français aient rien à nous envier sous ce rapport. Si nous ne nous arrêtons pas pour écouter les ménestrels de France, nous nous empressons de nous sauver quand nos oreilles sont surprises par les nôtres. Et pourtant nous donnons une bien forte preuve de notre goût pour la musique, dans les sons plus qu'ordinaires qui se font entendre le soir devant la porte des cafés de Londres. J'ai entendu dire que les orchestres d'harmonie qui parcourent la nuit les rues de Londres, reçoivent en petites contributions une somme d'argent qui, au bout de l'année, aurait suffi pour soutenir un théâtre. Ceci ne peut provenir que d'une propension véritable à se laisser émouvoir par de doux sons; car on ne suit pas en cela une mode comme quand on paie fort cher une loge à l'Opéra; rien n'est au contraire de plus *mauvais ton* que de s'arrêter devant cette musique, qui n'en reçoit pas moins des encouragemens, preuves bien évidentes des sentimens du peuple.

Ai-je prouvé à votre satisfaction autant qu'à la mienne que si nous n'avons pas de musique nationale, la nation ne manque pas du moins de goût pour la musique?

FIN DU TOME DEUXIÈME.

TABLE

DES

MATIÈRES CONTENUES DANS LE TOME DEUXIÈME.

LETTRE XXXI.

Pages.

Exposition des porcelaines et des tapisseries au Louvre.— Le Père et le Fils.—Je voudrais que cela fût impossible: 1

LETTRE XXXII.

Maison de santé de Vanves.— L'Anglais. — La Folie religieuse.—Excellente disposition de l'établissement.   12

LETTRE XXXIII.

Émeute à la porte Saint-Martin. — Empêchée par une averse.— La Populace dans le beau temps. — Manière de calmer les émeutes.—L'armée d'Italie.—Le Théâtre-Français.—Mademoiselle Mars dans le rôle d'Henriette. --La Comédie disparaît.   26

LETTRE XXXIV.

La Soirée dansante.— Usages différens en France et en Angleterre, sur le rôle que jouent dans la société les

jeunes personnes et les femmes mariées.—Conversation
à ce sujet. 39

LETTRE XXXV.

Les Trottoirs. — Les Maisons pour une seule famille. —
Elles n'ont pas réussi; pourquoi. — Véritable raison
qui rend le séjour de Paris économique pour des Anglais.—Richesse naissante de la bourgeoisie. 62

LETTRE XXXVI.

Église apostolique française. — Sa Doctrine. — L'Abbé
Auzou.— Son Sermon sur les *Plaisirs populaires*. 77

LETTRE XXXVII.

Meurtre effroyable.—La Morgue.— Suicides.—Vanité.—
Anecdote.— Influence de la Littérature moderne. — Aspect de la pauvreté différent en France et en Angleterre. 87

LETTRE XXXVIII.

Le Cheval de Bronze.—La Marquise.— Perfection du jeu des
acteurs dans les petites pièces. — Leur médiocrité dans
la tragédie. — Liberté qu'ils prennent en jouant. —
L'heure du dîner est une des causes qui nuisent aux
spectacles. 103

LETTRE XXXIX.

L'abbé de La Mennais. — Sa mise négligée. — Aisance de
ses manières.— Ses écrits ont du rapport avec ceux de
Cobbett.— Changement de ses opinions. — Les Républicains français et O'Connell. 115

LETTRE XL.

Quel est le parti qui jouit de la plus grande considération en France. — Les Carlistes, les Légitimistes, les Doctrinaires, et les Républicains. — Tout vaut mieux que la République. 125

LETTRE XLI.

L'Atelier de M. Dupré — L'Église des Carmes. — Tableau du massacre de Féraud, par Vinchon. — Les Pêcheurs de Robert. — Détail sur la mort de ce peintre. — Réflexions sur le renouvellement de l'esprit du Catholicisme en France. 140

LETTRE XLII.

Les vieilles Filles. — Il y en a beaucoup moins en France qu'en Angleterre. — La raison. — On a grand tort de mépriser les vieilles Filles anglaises. 149

LETTRE XLIII.

Les Modes de Paris. — Il faut être Parisienne pour les porter. — Magasins de Nouveautés. — Fleuristes. — Élégance du goût des Parisiens. — Bouquetières. — Plus de rouge ni de faux cheveux. 164

LETTRE XLIV.

Sociétés mélangées. — Réunions exclusives. — Les Dignitaires de l'Empire. 177

LETTRE XLV.

L'abbé Lacordaire.— Les meilleures places réservées pour les hommes. — Dimensions de Notre - Dame. — Les jeunes gens en France font toutes les réputations.—Discours du prédicateur. 191

LETTRE XLVI.

La Tour de Nesle. 211

LETTRE XLVII.

Le Palais-Royal. — Ses Habitués. — La Famille anglaise. — Les Journaux. — Les Restaurans à quarante sous. La Galerie d'Orléans. — Les Oisifs. — Le Théâtre du Vaudeville. 227

LETTRE XLVIII.

De la nouvelle Littérature française. — Des Romans du Style romantique.— M. d'Arlincourt. — M. de Châteaubriand.— Shakespeare. — Sir Walter Scott.—Les Français connaissent la littérature moderne de l'Angleterre mieux que les Anglais ne connaissent celle de la France. 243

LETTRE XLIX.

Le Jury en France. — La peine de mort rarement appliquée. — Verdict d'un Jury du comté de Cornouailles. — Circonstances atténuantes. — Le Jury en Belgique. 260

LETTRE L.

Le Pâtissier anglais. — Miniature d'un Français. — Le roi Louis-Philippe. — Réflexions philosophiques. 272

LETTRE LI.

Position et influence des Femmes à Paris.—Les Maris français. — Les Femmes en France ne craignent pas de montrer leur instruction.—Les Femmes auteurs. — Les Dames de la halle. — Les vieilles Femmes.   281

LETTRE LII.

Le Palais de Justice. — La Statue de Malesherbes.—La Sainte-Chapelle.—Souvenirs du *Lutrin*. — Les Reliques. — Le Procès de Jeanne-d'Arc.—Celui de madame de Brinvilliers.   298

LETTRE LIII.

De la manière de faire l'amour à l'anglaise. — Comparaison et conversation à ce sujet. — Fausses idées des Français sur les usages de l'Angleterre.   313

LETTRE LIV.

Nouvelles réflexions sur la Société française. — Influence du Clergé anglais sur le ton de la Société.   334

LETTRE LV.

L'Opéra. — Ses anciens priviléges. —On s'y ennuie et l'on y va pourtant. — La Musique. — La Danse et les Décorations.—*La Juive*. — Musique nationale. —Musiciens ambulans.   349

FIN DE LA TABLE.